5年生 世界の国

JN040992

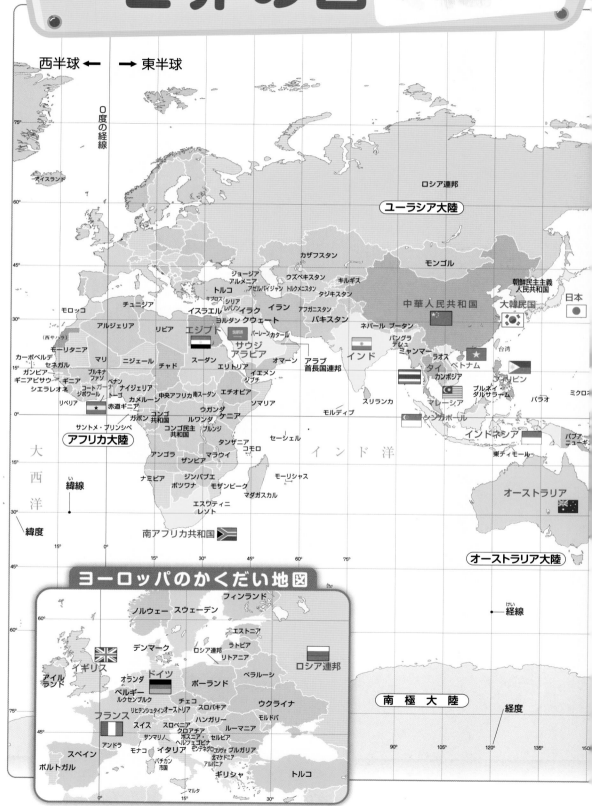

西半球 ← → 東半球

0度の経線

アイスランド

ロシア連邦

ユーラシア大陸

カザフスタン

モンゴル

ジョージア
アルメニア
ウズベキスタン
キルギス
朝鮮民主主義
人民共和国

トルコ
アゼルバイジャン トルクメニスタン
タジキスタン
大韓民国
日本

キプロス シリア
中華人民共和国

モロッコ
チュニジア
イスラエル
レバノン イラク
イラン
アフガニスタン

アルジェリア
リビア
ヨルダン クウェート
パキスタン
ネパール ブータン

（西サハラ）
エジプト
バーレーン カタール
バングラ
デシュ

カーボベルデ
モーリタニア
サウジ
アラビア
オマーン
インド
ミャンマー
ラオス
台湾

ガンビア
マリ
ニジェール
チャド
スーダン
エリトリア
アラブ
首長国連邦
タイ
ベトナム
フィリピン

ギニアビサウ
ブルキナ
ファソ
イエメン
カンボジア
ブルネイ
ダルサラーム
パラオ

ギニア
コートジ
ボワール
ベナン
ナイジェリア
ジブチ
スリランカ
マレーシア
ミクロネシア

シエラレオネ
トーゴ
カメルーン
中央アフリカ
南スーダン
エチオピア
ソマリア

リベリア
赤道ギニア
ウガンダ
ケニア
モルディブ
シンガポール
インドネシア
パプア
ニューギニア

サントメ・プリンシペ
ガボン
コンゴ
共和国
ルワンダ
アフリカ大陸
コンゴ民主
共和国
ブルンジ
タンザニア
セーシェル
東ティモール

アンゴラ
ザンビア
マラウイ
コモロ
インド洋

大
西
洋
緯線
ナミビア
ジンバブエ
モザンビーク
モーリシャス
オーストラリア

ボツワナ
マダガスカル

緯度
エスワティニ
レソト

南アフリカ共和国
オーストラリア大陸

ヨーロッパのかくだい地図

フィンランド
経線

ノルウェー スウェーデン

エストニア

デンマーク
ロシア連邦
ラトビア
リトアニア
ロシア連邦

イギリス
オランダ ドイツ
ポーランド
ベラルーシ

アイル
ランド
ベルギー
ルクセンブルク
チェコ
ウクライナ
南 極 大 陸

リヒテンシュタイン オーストリア
スロバキア
モルドバ

フランス
スイス
スロベニア
ハンガリー
ルーマニア
経度

サンマリノ
クロアチア
ボスニア・セルビア

アンドラ
ヘルツェゴビナ

モナコ イタリア
モンテネグロ コソヴォ ブルガリア

スペイン
バチカン
市国
北マケドニア

ポルトガル
アルバニア

ギリシャ
トルコ

マルタ

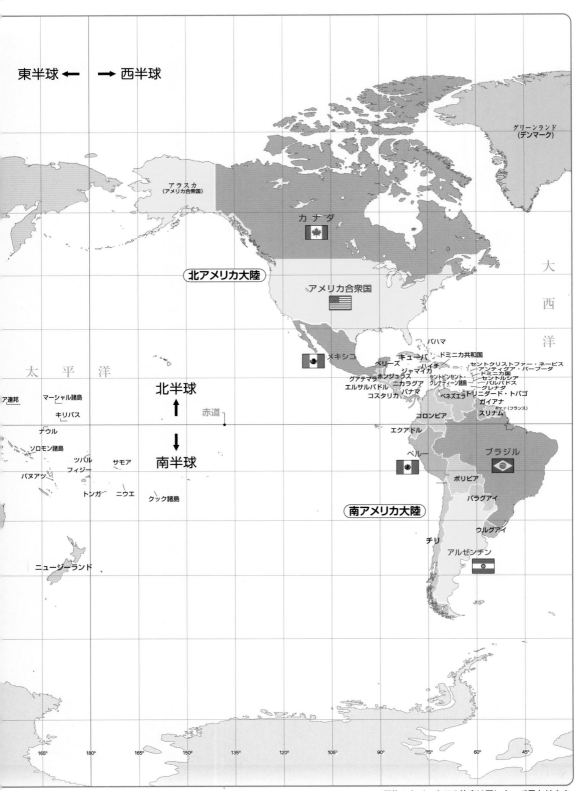

東半球 ←   → 西半球

グリーンランド
（デンマーク）

アラスカ
（アメリカ合衆国）

カ　ナ　ダ

北アメリカ大陸

アメリカ合衆国

大
西
洋

太　平　洋

北半球

メキシコ

バハマ
キューバ　　ドミニカ共和国
ベリーズ　　　　　　　　セントクリストファー・ネービス
　　　　　　　ハイチ　　　　アンティグア・バーブーダ
グアテマラ ホンジュラス　　　　　　ドミニカ国
エルサルバドル　ニカラグア　セントビンセント・　セントルシア
　　　　コスタリカ パナマ グレナディーン諸島　バルバドス
　　　　　　　　　　　　　　　　　グレナダ
　　　　　　　　ベネズエラ トリニダード・トバゴ
　　　　　　　　　　　　　　　ガイアナ
コロンビア　　　　　　　　スリナム
　　　　　　　　　　　　　　　（フランス）

ア連邦
マーシャル諸島
キリバス

ナウル
ソロモン諸島

ツバル
バヌアツ フィジー サモア
トンガ ニウエ
クック諸島

赤道

南半球

エクアドル

ペルー

ブラジル

ボリビア
パラグアイ

南アメリカ大陸

ウルグアイ

ニュージーランド

チリ
アルゼンチン

165°　180°　165°　150°　135°　120°　105°　90°　75°　60°　45°

国旗のたて・よこの比率は国によって異なります。

学ぶ人は、
変えて
ゆく人だ。

目の前にある問題はもちろん、

人生の問いや、社会の課題を自ら見つけ、

挑み続けるために、人は学ぶ。

「学び」で、少しずつ世界は変えてゆける。

いつでも、どこでも、誰でも、

学ぶことができる世の中へ。

旺文社

このドリルの特長と使い方

このドリルは,「苦手をつくらない」ことを目的としたドリルです。単元ごとに「大事なことがらを理解するページ」と「問題を解くことをくりかえし練習するページ」をもうけて,段階的に問題の解き方を学ぶことができます。

大事なことがらを理解するページで,穴埋め形式で学習するようになっています。

！覚えよう！ 必ず覚える必要のあることがらや用語です。

★考えよう★ 資料の読み取りなどです。

② **練習**

「理解」で学習したことを身につけるために,問題を解くことをくりかえし練習するページです。「理解」で学習したことを思い出しながら問題を解いていきましょう。

少し難しい問題には **◇チャレンジ◇** がついています。

③ **まとめ** 単元の内容をとおして学べるまとめのページです。

もくじ

社会情勢の変化により,掲載内容に違いが生じる事柄があります。弊社ホームページ『知っておきたい時事ニュース』をご確認ください。
https://service.obunsha.co.jp/tokuten/jiji_news/

編集協力／株式会社 アイ・イー・オー　有限会社 マイプラン　校正／株式会社 東京出版サービスセンター　株式会社 友人社　名木田朋幸
装丁デザイン／株式会社 しろいろ　装丁イラスト／おおの麻里　本文デザイン／ハイ制作室 大滝奈緒子・水野知美　本文イラスト／川上潤　米原伸宜　西村博子

ドリルが終わったら，番号のところに日付と点数を書いて，グラフをかこう。
80点を超えたら合格だ！　8，16，26，38，52，62，68，76，84，92は全問正解で合格だよ！

	日付	点数	50点	合格ライン 80点	100点	合格チェック
例	4/2	90				◯
1						
2						
3						
4						
5						
6						
7						
8		全問正解で合格！				
9						
10						
11						
12						
13						
14						
15						
16		全問正解で合格！				
17						
18						
19						
20						
21						
22						
23						

	日付	点数	50点	合格ライン 80点	100点	合格チェック
24						
25						
26		全問正解で合格！				
27						
28						
29						
30						
31						
32						
33						
34						
35						
36						
37						
38		全問正解で合格！				
39						
40						
41						
42						
43						
44						
45						
46						
47						

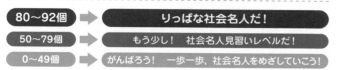

✏️ この表がうまったら，合格の数をかぞえて右に書こう。

80〜92個	➡	**りっぱな社会名人だ！**
50〜79個	➡	もう少し！　社会名人見習いレベルだ！
0〜49個	➡	がんばろう！　一歩一歩，社会名人をめざしていこう！

合格の数

こ

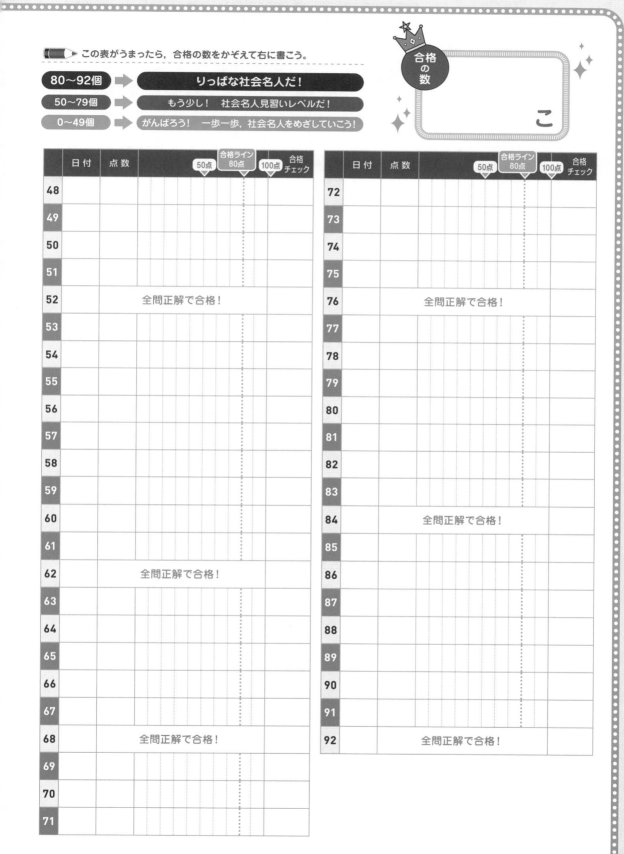

	日 付	点 数	50点	合格ライン80点	100点	合格チェック
48						
49						
50						
51						
52		全問正解で合格！				
53						
54						
55						
56						
57						
58						
59						
60						
61						
62		全問正解で合格！				
63						
64						
65						
66						
67						
68		全問正解で合格！				
69						
70						
71						

	日 付	点 数	50点	合格ライン80点	100点	合格チェック
72						
73						
74						
75						
76		全問正解で合格！				
77						
78						
79						
80						
81						
82						
83						
84		全問正解で合格！				
85						
86						
87						
88						
89						
90						
91						
92		全問正解で合格！				

1 世界の中の国土
緯度と経度

▶▶▶ 答えは別さつ1ページ

点数

①～⑤：1問12点　⑥～⑨：1問10点

点

！覚えよう！

右の図を見て，□□にあてはまる言葉を書きましょう。

・地球上では，赤道を0°として，南北に90°

ずつのはん囲の位置を ①□□ で示しま

す。同じ ① を結んだ線を ②□□ と

いいます。

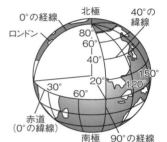

・北極からイギリスの ③□□ の旧グリニッジ天文台を通り

南極まで結んだ線を0°として，東西に180°ずつのはん囲の位置を

④□□ で示します。同じ ④ を結んだ線を ⑤□□ といい

ます。

★考えよう★

右の図を見て，□□にあてはまる言葉や数字を書きましょう。

・北極は，北緯 ⑥□□ °の地点にありま

す。

・南極は，南緯 ⑦□□ °の地点にありま

す。

・図の⑦の場所は ⑧□□ 経で示します。

・図の⑦の場所は ⑨□□ 経で示します。

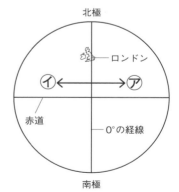

2 世界の中の国土
緯度と経度

練習

▶▶▶ 答えは別さつ1ページ

点数 　　　　　　　点

1 (1)1問10点 (2)(3)1問10点　2 (1)1問20点 (2)20点

1 右の図を見て，次の問題に答えましょう。

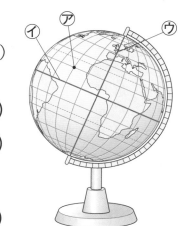

(1) 図の㋐の位置を正確に示すには，
（ ① ）と（ ② ）を使います。（ ）
にあてはまる言葉を書きましょう。

①（ 　　　　　　　 ）

②（ 　　　　　　　 ）

(2) 図の㋑の0°の緯線を何といいますか。

（ 　　　　　　　 ）

(3) イギリスのロンドンを通る，図の㋒の経線は，何度の経線ですか。

（ 　　　　　　° ）

2 次の問題に答えましょう。

(1) 右の地図の㋐は何度の緯線
ですか。また，㋑は何度の
経線ですか。正確に答えま
しょう。

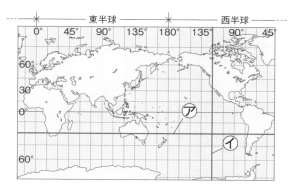

㋐（ 　緯　　　 度線）

㋑（ 　経　　　 度線）

(2) 正しい方に◯をつけましょう。

（ 　 ）すべての緯線は，北極（点）と南極（点）を結ぶ。

（ 　 ）すべての経線は，北極（点）と南極（点）を結ぶ。

3 世界の中の国土
いろいろな国，大陸と海洋

 理 解

▶▶▶ 答えは別さつ1ページ

①～⑩:1問10点

点数　　　　点

！覚えよう！

次の◻︎にあてはまる言葉を書きましょう。

・地球のうち，赤道（せきどう）より北の半分を① _____ といいます。
　また，経度（けいど）が東経で表される部分を② _____ といいます。

・国のしるしとして定められている旗を③ _____ といいます。

★考えよう★

次の◻︎にあてはまる言葉を書きましょう。

・世界には，六つの大陸が
あります。エジプトなど
の国々がある大陸を
④ _____ 大陸と
いい，ブラジルなどの
国々がある大陸を
⑤ _____ 大
陸といいます。

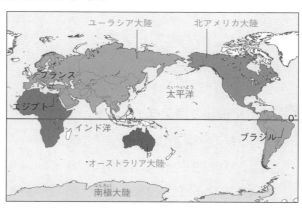

・世界には，三つの主な海洋〔大洋〕があります。このうち，フラン
　スやブラジルが面している海洋は⑥ _____ といいます。

・日本は赤道より⑦ _____ 側にあり，⑧ _____ という海洋
　〔大洋〕の西，⑨ _____ 大陸の⑩ _____ 側にある
　国です。

世界の中の国土
いろいろな国，大陸と海洋

練習

▶▶▶ 答えは別さつ1ページ

1 (1)1問10点 (2)(3)1問10点　2 1つ10点

点数 ★

点

1 右の地図を見て，次の問題に答えましょう。

(1) 地図のあの部分を示したものとして，正しい方に○をつけましょう。

（　　）南半球

（　　）東半球

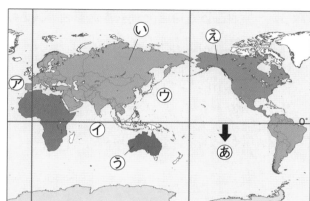

(2) 地図の⑦～⑨の海洋〔大洋〕を，それぞれ何といいますか。

⑦（　　　　　　　　　　　）

⑦（　　　　　　　　　　　）

⑦（　　　　　　　　　　　）

(3) 地図のい～えの大陸を，それぞれ何といいますか。

い（　　　　　　　　　　　）

う（　　　　　　　　　　　）

え（　　　　　　　　　　　）

2 次の文の（　　）の中から正しいものを一つずつ選んで，それぞれ○で囲みましょう。

日本は，（ 北半球　南半球　西半球 ）に位置し，太平洋の

（ 南　西　東 ），ユーラシア大陸の（ 東　西　北 ）にある国です。

世界の中の国土
日本の国土

理　解

▶▶▶ 答えは別さつ2ページ　★点数★

①〜⑩：1問10点

点

!覚えよう!

次の　　　にあてはまる言葉を書きましょう。

・日本の領土は，北海道, ①　　　　　　　,

四国，九州の四つの大きな島と，数
多くの島々から成り立っています。

・日本のまわりには，太平洋，オホー

ツク海, ②　　　　　　　, 東シナ

海という海があります。

・日本の ③　　　　　　のはしの島は,

択捉島といいます。この島と，国後島，色丹島，歯舞群島の島々を

まとめて ④　　　　　　といいます。　④　は,

⑤　　　　　　　　　に占領され続けており，日本は，これらの

島々を返すよう求め続けています。

・日本の ⑥　　　　　のはしの島は，沖ノ鳥島といいます。島がしずま

ないよう，まわりをコンクリートブロックで固めています。

・日本の ⑦　　　　　のはしの島は南鳥島, ⑧　　　　　のはしの島は与

那国島といいます。

・九州からみて，最もきょりが近い外国は，⑨　　　　　　　　です。

この国と, ⑩　　　　　　　　　という国にはさまれた位

置に，朝鮮民主主義人民共和国〔北朝鮮〕があります。

世界の中の国土
日本の国土

練 習

▶▶▶ 答えは別さつ2ページ

点数

点

1 全部できて40点 **2** (1)～(3)1問10点

1 左の島の名前と，右の説明を正しく組み合わせて，線で結びましょう。

おき の とり
沖ノ鳥島・　　　　　　　　　　　・日本の東のはしの島

みなみとり
南鳥島　・　　　　　　　　　　　・日本の西のはしの島

え とろふ
択捉島　・　　　　　　　　　　　・日本の南のはしの島

よ な ぐに
与那国島・　　　　　　　　　　　・日本の北のはしの島

◇チャレンジ◇

2 右の地図を見て，次の問題に答えましょう。

(1) 地図の㋐，㋑の国を，それぞれ
何といいますか。正式な名前で
答えましょう。

㋐（　　　　　　　　　）

㋑（　　　　　　　　　）

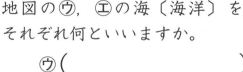

(2) 地図の㋒，㋓の海〔海洋〕を，
それぞれ何といいますか。

㋒（　　　　　　　　　）

㋓（　　　　　　　　　）

(3) 地図の㋔，㋕の島を，それぞれ何といいますか。

㋔（　　　　　　　　　）　㋕（　　　　　　　　　　）

7 世界の中の国土のまとめ

▶▶▶ 答えは別さつ2ページ

★点数★

点

1 1問10点　**2** (1)(2)1問10点　(3)1つ10点

1 次の問題に答えましょう。

(1) イギリスのロンドンを通る線を0°として，地球上の東西の位置を示（しめ）したものを何といいますか。　（　　　　　　　）

(2) 緯度（いど）が南緯90°の地点は，何という　（　　　　　　　）
大陸にありますか。

(3) 世界の主な三つの海洋〔大洋〕は，　（　　　　　　　）
太平洋（たいへいよう），大西洋（たいせい）と，何ですか。

(4) 日本でいちばん面積が大きな島を，　（　　　　　　　）
何といいますか。

2 右の地図を見て，次の問題に答えましょう。

(1) 地図の⑦の大陸を，何といいますか。
（　　　　　　　）

(2) 地図の①の海を，何といいますか。
（　　　　　　　）

(3) 次の文の（　）の中から正しいものを一つずつ選んで，それぞれ○で囲（かこ）みましょう。

沖ノ鳥島（おきのとり）は（　ウ　エ　）の島で，北緯（20°～30°　30°～40°）の間にあります。また，南鳥島（みなみとり）は（　ウ　エ　）の島で，東経（とうけい）
（140°～150°　150°～160°）の間にあります。

8

世界の中の国土のまとめ
暗号発見クイズ

▶▶▶ 答えは別さつ2ページ

☆ ☆ ☆ ☆ ☆ ☆ ☆ ☆ ☆ ☆ ☆ ☆ ☆ ☆

〈質問〉に答えて，正しい緯度・経度の地点を ● でマークしてみよう。あらかじめマークされているところをふくめて線で結ぶと，どこの国旗が現れるかな？

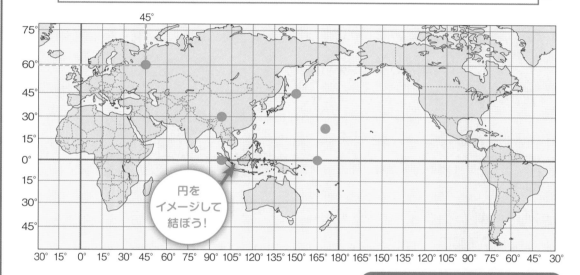

〈 質 問 〉

次の6つの地点をマークして，
線で結んでみよう。

①北緯60°，東経 45°をマークしよう。

②南緯45°，西経150°をマークしよう。

③北緯60°，西経150°をマークしよう。

④北緯45°，東経120°をマークしよう。

⑤南緯15°，東経135°をマークしよう。

⑥南緯45°，東経 45°をマークしよう。

①北緯は赤道より北で，その60°の位置。東経はロンドンより東で，その45°の位置。二つが交わるところに●をマークしたよ。

答 え

　　　　　　　の国旗

9 国土の地形の特色と人々のくらし
日本の地形

理 解

▶▶▶ 答えは別さつ3ページ

点数 ★

①～⑥：1問15点　　⑦～⑧：1問5点

点

！覚えよう！

次の◯◯にあてはまる言葉や数字を書きましょう。

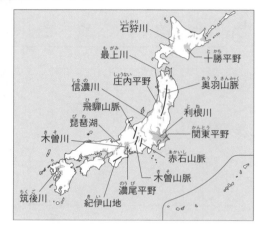

・いくつもの山が集まったところを山地といい，日本は，国土の約4分の①◯◯が，このような地形です。また，山地にある平らで広いところを②◯◯といいます。

・山が細長く連なった地形を③◯◯といいます。

・海に面した平らで広い場所を④◯◯，山に囲まれた平らなところを⑤◯◯といいます。また，平地にあって周囲より少し高い平らなところを⑥◯◯といいます。

★考えよう★

右の図を見て，次の◯◯にあてはまる言葉を書きましょう。

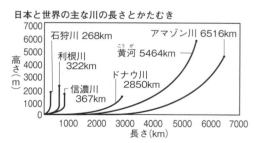

日本と世界の主な川の長さとかたむき

・日本の川は，世界の主な川より，長さが⑦◯◯ことがわかります。

・日本の川は，世界の主な川に比べて，かたむきが⑧◯◯であることがわかります。

国土の地形の特色と人々のくらし
10 日本の地形

練習

 勉強した日 ◯月 ◯日

▶▶▶ 答えは別さつ3ページ

1 1問15点 **2** 1つ10点

点数 ☆　　　　　　点

1 **右の地図を見て，次の問題に答えましょう。**

(1) 地図の㋐は，山がせぼねのよう
に連なっているところです。こ
こにある山の連なりを何といい
ますか。

（　　　　　　山脈）

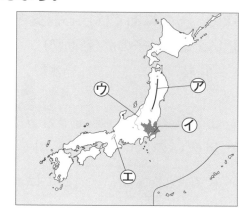

(2) 地図の㋑は，平らな土地が広がっ
ているところです。ここにある，
平野を何といいますか。

（　　　　　　　　　　平野）

(3) 地図の㋒は，日本でいちばん長い川です。この川を何といいますか。

（　　　　　　　　　　）

(4) 地図の㋓は，日本でいちばん広い湖です。この湖を何といいますか。

（　　　　　　　　　　）

2 **次の文の（　）の中から正しいものを一つずつ選んで，それぞれ◯
で囲みましょう。**

　日本の川を外国の主な川と比べると，長さは（ **長く　短く** ），か
たむきや流れは（ **急　ゆるやか** ）です。これは，日本の国土のはば
が（ **広く　せまく** ），山地が海岸の（ **近く　遠く** ）までせまってい
るからです。

13

国土の地形の特色と人々のくらし
低い土地の人々のくらし

理解

▶▶▶ 答えは別さつ3ページ　点数

①〜④:1問20点　　⑤〜⑥:1問10点

点

覚えよう

次の□□□にあてはまる言葉を書きましょう。

低い土地の様子の例（断面図）

・川ぞいの低い土地は，川から水があふれるなどして土地が水びたしになる，① □□□□□とよばれる災害が起こりやすい地域です。

・そのため，そこに住む人々は，川の水が土地に流れ出してこないように川岸をもり上げた② □□□□□や，② □□□の内側にたまった水を外側にくみ出す③ □□□□□をつくるなどしてきました。

・川の水による災害を防ぐために川や水路の改良などを行い，川の水を生活や産業に使えるようにすることを④ □□□□□といいます。

考えよう

右のグラフを見て，次の□□□にあてはまる言葉を書きましょう。

・大きな川がある低い土地では，農業を行うために大切な⑤ □□□□を，川から豊富に手に入れることができます。

・そのため，このような地域では古くから農業がさかんで，主に⑥ □□□□□がつくられてきました。

低い土地での農作物の作付面積の例
（岐阜県海津市）

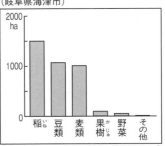

（2020年）　　［農林業センサス］

12 国土の地形の特色と人々のくらし
低い土地の人々のくらし

練習

▶▶▶ 答えは別さつ3ページ

点

1 (1)(2)1つ12点 (3)12点 **2** 1つ10点

1 次の図を見て，あとの問題に答えましょう。

(1) 図の⑦と⑦を何といいますか。次から一つずつ選んで，記号を書きましょう。

（　　）水屋　　（　　）堤防（ていぼう）　　（　　）排水機場（はいすいきじょう）

(2) ⑦と⑦のはたらきを，次から一つずつ選んで，記号を書きましょう。

（　　）余計（よけい）な水を機械で外にくみ出す。

（　　）川の水が流れ出ないように，川岸をもり上げている。

（　　）水びたしにならないように，食料などを保管（ほかん）する。

(3) ⑦や⑦は，どのような災害（さいがい）を防（ふせ）ぐためにつくられたものですか。

（　　　　　　　　　　　　　）

2 次の文の（　　）の中から正しいものを一つずつ選んで，それぞれ○で囲（かこ）みましょう。

　大きな（ 湖　川 ）が近くにある低い土地では，（ 節水　治水 ）により，安心してくらせるくふうがされてきました。こういった地域（いき）では，農業に必要な（ 水　空気 ）が豊富（ほうふ）です。このような特色を生かして，（ 米　果樹（かじゅ） ）の栽培（さいばい）が古くからさかんに行われています。

13 国土の地形の特色と人々のくらし
高い土地の人々のくらし

理解

▶▶▶ 答えは別さつ3ページ

点数

①〜⑦：1問12点　⑧〜⑨：1問8点

点

！覚えよう！

次の　　　　にあてはまる言葉を書きましょう。

・高い土地は，低い土地より気温が ① 　　　　とい

う特色があります。そのため， ② 　　　　では，

夏のすずしい気候を利用した， ③ 　　　　，

レタス，はくさいなどの野菜づくりがさかんです。

・高い土地では，あれ地を切り開き，土地の

④ 　　　　をすすめて，畑にし，さらに野菜づ

くりに適（てき）するように土地を ⑤ 　　　　しました。

・高い土地の豊（ゆた）かな自然を ⑥ 　　　　に生かしている地域（ち いき）もありま

す。例えば，冬に雪が多く積もる山の斜面（しゃめん）を， ⑦ 　　　　ができ

る場所として整備（せい び）している地域などがあります。

★考えよう★

次の　　　　にあてはまる言葉を書きましょう。

・すずしい気候が適した野菜は，夏には，低い土地では暑さで収穫量（しゅうかく りょう）が

⑧ 　　　　ので， ② 　　　でとれた野菜に人気が集まります。

・山地には大きな川がなく，水をためておく場所もとぼしいので，農

業にかかせない ⑨ 　　　　を，低い土地に比（くら）べて手に入れにくくなっ

ています。

国土の地形の特色と人々のくらし
高い土地の人々のくらし

▶▶▶　答えは別さつ4ページ

点数　　　　　　　　　　　　　　点

1 (1)全部できて20点　(2)(3)1問20点　**2** 1問20点

1　次の問題に答えましょう。

(1) 高原で夏にさかんにつくられる農作物を二つ選んで，○で囲みましょう。

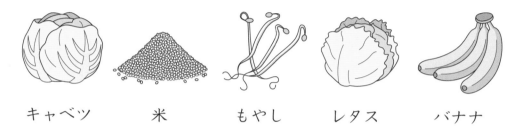

キャベツ　　　米　　　もやし　　　レタス　　　バナナ

(2) 正しい方に○をつけましょう。

（　　　）高原では，夏のあたたかさを利用して野菜をつくる。

（　　　）高原では，夏のすずしさを利用して野菜をつくる。

(3) 高原で夏にさかんにつくられる野菜は，低い土地では夏の収穫量が増える野菜ですか，減る野菜ですか。

（　　　　　　　　　　　）

◇チャレンジ◇

2　次の問題に答えましょう。

(1) あれ地の土や石をほり起こして，田や畑などにつくりかえることを何といいますか。

（　　　　　　　　　　　）

(2) よその土地をおとずれて，風景，温泉，キャンプやスキーなどを楽しむことを何といいますか。

（　　　　　　　　　　　）

15 国土の地形の特色と人々のくらしのまとめ

▶▶▶ 答えは別さつ4ページ

★ 点数 ★

点

1 (1)1問10点 (2)1つ10点 (3)10点　2 1問20点

1 右の地図を見て，次の問題に答えましょう。

(1) 地図の⑦の平野と⑦の川を，それぞれ何といいますか。

⑦（　　　　　　　　）

⑦（　　　　　　　　）

(2) 次の文の（　）の中から正しいものを一つずつ選んで，それぞれ◯で囲みましょう。

　　日本の川は，世界の主な川より（ 長く　短く ），かたむきが（ ゆるやか　急 ）です。そのため，地図の⑦の川も，中国の代表的な川である黄河よりも，流れは（ ゆるやか　急 ）であると考えられます。

(3) 地図の⑨には，まわりを山に囲まれた平らなところがあります。このような地形を何といいますか。

（　　　　　　　　　　　　）

2 次の問題に答えましょう。

(1) 川などの水で土地が水びたしになる災害を何といいますか。

（　　　　　　　　　　　　）

(2) 災害を防止し，川の水を生活や産業に利用できるようにするため，川や水路の改良や管理をすることを何といいますか。

（　　　　　　　　　　　　）

16 ☆

国土の地形の特色と人々のくらしのまとめ
名前発見パズル

▶▶▶ 答えは別さつ4ページ

ヒントを参考にして，日本の川・山脈（さんみゃく）・平野・湖（こ）の名前をさがしてみよう。全部で7個かくれているよ。

ヒント

① 日本で一番長い川は？
② 茨城県（いばらき）と千葉県（ちば）の間を流れる川は？
③ 熊本県（くまもと）から福岡県（ふくおか）を流れる川は？
④ 東北地方（とうほく）にある大きな山脈は？
⑤ 北海道（ほっかいどう）にある，大きな平野は？
⑥ 岐阜県（ぎふ）と愛知県（あいち）に広がる平野は？
⑦ 日本で一番大きな湖は？

右から左に
読んでも
いいよ。

下から上に
読んでも
いいよ。

ヌ	シ	ワ	イ	ヤ	ケ	ム	チ
キ	ナ	ン	ク	イ	ス	ラ	ク
ハ	ノ	ウ	ビ	ヘ	イ	ヤ	ゴ
ワ	ガ	ネ	ト	チ	テ	レ	ガ
ビ	ワ	コ	チ	カ	ヤ	ル	ワ
ナ	サ	マ	ヘ	ト	シ	ラ	ユ
ニ	タ	ウ	ト	フ	ミ	ネ	ツ
ク	ヤ	ミ	ン	サ	ウ	ウ	オ

17 国土の気候の特色と人々のくらし
日本の気候

理解

▶▶▶ 答えは別さつ4ページ　　点数

①〜⑦:1問10点　⑧〜⑨:1問15点

点

!覚えよう!

次の◯◯にあてはまる言葉を書きましょう。

・日本の気候は，気温の様子などから，1年を四つの①◯◯◯に分けることができます。これが四季です。

・四季は，桜（さくら）がさくころの②◯◯◯，そのあと，暑い③◯◯◯，かえでやもみじが紅葉（こうよう）する④◯◯◯，寒い⑤◯◯◯の順でくり返されます。

・6〜7月には，日本の大部分で雨がふり続く，⑥◯◯◯という時期があります。また，強風と大雨をもたらす⑦◯◯◯におそわれやすい時期もあります。

桜がさく時期

※北方領土（ほっぽうりょうど）は資料（しりょう）なし　[気象庁資料]

5月10日
4月30日
5月10日
4月20日　4月30日
4月20日
4月10日　4月10日
3月31日　3月31日
3月25日　3月25日
3月25日
0　300km
1月20日
1月18日 1月17日 1月16日

（札幌（さっぽろ）市より北はえぞやまざくら，沖縄（おきなわ）県と奄美（あまみ）地方はひかんざくら，それ以外はそめいよしのの観測（かんそく）。）

★考えよう★

右の図を見て，次の◯◯にあてはまる言葉を書きましょう。

・北海道（ほっかいどう）は沖縄（おきなわ）県と比（くら）べて，桜がさく時期がおよそ4か月も⑧◯◯◯なっています。

・かえでやもみじが紅葉する時期は，北海道が，日本でいちばん⑨◯◯◯なっています。

かえでやもみじが紅葉する時期

※北方領土は資料なし　[気象庁資料]

10月31日
10月20日
11月10日
11月20日
11月30日　11月30日
12月10日
12月10日　0　300km

18 国土の気候の特色と人々のくらし
日本の気候

▶▶▶ 答えは別さつ5ページ

1 全部できて40点　2 (1)1つ10点 (2)10点 (3)1つ10点

1 左の季節名と，右の説明を正しく組み合わせて，線で結びましょう。

春・　　　　　　　　　・あたたかくなり，桜がさく。

夏・　　　　　　　　　・すずしくなり，かえでなどが紅葉する。

秋・　　　　　　　　　・暑くて，昼の時間が長い。

冬・　　　　　　　　　・寒くて，昼の時間が短い。

2 次の問題に答えましょう。

桜がさく時期

※北方領土は資料なし　[気象庁資料]

5月10日
4月30日
4月20日
5月10日
4月30日
4月20日
4月10日
4月10日
3月31日
3月31日
3月25日
3月25日
3月25日

(札幌市より北はえぞやまざくら，沖縄県と奄美地方はひかんざくら，それ以外はそめいよしのの観測。)

(1) 右の地図は，同じころに桜がさく地域を，線で区切って表したものです。地図の㋐・㋑の地域で桜がさくのは何月ですか。（　）に記号を書きましょう。

（　　）3月　　（　　）4月

（　　）5月　　（　　）7月

(2) 右の地図の㋒の地域で桜がさくのは，ふつう，㋐の地域より先ですか，あとですか。　　（　　　　　　　　）

(3) 次の文の（　）の中から正しいものを一つずつ選んで，それぞれ○で囲みましょう。

　6〜7月ごろ，日本の大部分で雨がふり続く時期を（　つゆ　台風　）といいます。また，夏から秋にかけて日本は（　つゆ　台風　）におそわれ，強風とたくさんの雨にさらされます。しかし，この雨は（　下水　飲料水　）を得るのにかかせないものになっています。

19 国土の気候の特色と人々のくらし
地域でちがう気候

理解

▶▶▶ 答えは別さつ5ページ

点数

①〜⑩:1問10点

点

★ 考えよう ★

次の□□□にあてはまる言葉を書きましょう。

- ① [　　　] 側の地域の気候は, ② [　　　] に, 南東からしめった風がふくため, 雨が多くふります。

- ③ [　　　] 側の地域の気候は, ④ [　　　] に, 北西からしめった風がふくため, 雨や雪が多くふります。

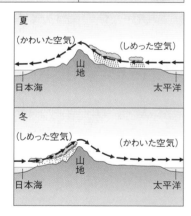

- この, 季節によってふく向きが変わる風は ⑤ [　　　] です。

- ⑥ [　　　] の気候は, この風がどちらからふいても山地をこえるので, あたたかく1年を通して降水量が ⑦ [　　　] です。

! 覚えよう !

次の□□□にあてはまる言葉を書きましょう。

- 北海道には, 長くてきびしい ⑧ [　　　] があります。

- 南西諸島は, ⑨ [　　　] が長くて雨が多く, 冬もあたたかいです。

- 本州の内陸部の一部では, 降水量が少なく, 夏と冬の気温差が大きい気候がみられます。これを, ⑩ [　　　] の気候といいます。

20 国土の気候の特色と人々のくらし
地域でちがう気候

▶▶▶ 答えは別さつ5ページ

1 (1)～(6)1問15点　2 10点

点数　　　　　　　　　　　点

1 下の⑦～⑰のグラフは，(1)～(6)の地域の１年の気温と降水量の変化を表したものです。それぞれの地域にあてはまるグラフはどれですか。

(1) 北海道の気候　　（　　）　　(2) 太平洋側の気候　（　　）

(3) 中央高地の気候　（　　）　　(4) 日本海側の気候　（　　）

(5) 瀬戸内の気候　　（　　）　　(6) 南西諸島の気候　（　　）

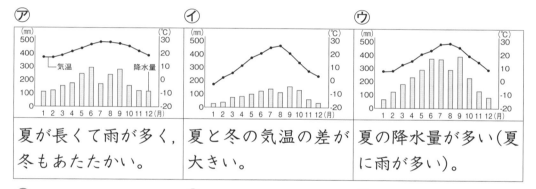

⑦	⑦	⑦
夏が長くて雨が多く，冬もあたたかい。	夏と冬の気温の差が大きい。	夏の降水量が多い（夏に雨が多い）。

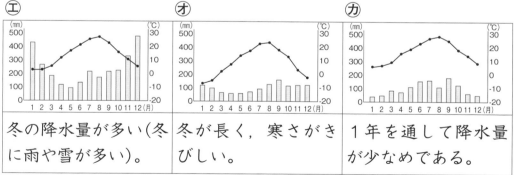

㊅	㊉	㊌
冬の降水量が多い（冬に雨や雪が多い）。	冬が長く，寒さがきびしい。	１年を通して降水量が少なめである。

[理科年表　2023年版]

2 太平洋側と日本海側で気候の特色に大きなちがいができる原因となっている，夏と冬でふく方向が反対になる風を何といいますか。

（　　　　　　　　　　　）

国土の気候の特色と人々のくらし

あたたかい土地の人々のくらし

理解

▶▶▶ 答えは別さつ5ページ

点数

点

①〜⑤：1問12点　⑥〜⑨：1問10点

！覚えよう！

次の□□□にあてはまる言葉を書きましょう。

・沖縄県（おきなわ）では，1年を通して気温や湿度（しつど）が ① □□□□□ 気候を生かした
農業が行われています。

・沖縄県で昔からさかんにつくられ，今でも最も作付面積（さくづけ）
が広い右の絵の農作物は，砂糖（さとう）の原料になる
② □□□□□□□ です。

・沖縄県では，成長を早めてつくる ③ □□□□□ 栽培（さいばい）や，
成長をおさえながらつくる ④ □□□□□ 栽培 によって野
菜や花をつくり，ほかの産地の出荷（しゅっか）が多いしゅんの時期
をずらして高い値段（ねだん）で売れる時期に出荷しています。

・沖縄県には，海水浴やさんごの見物などを楽しむために，
各地から ⑤ □□□□□ 客が数多くおとずれます。

★考えよう★

右の絵を見て，次の□□□にあてはまる言葉を書きましょう。

・家のまわりを ⑥ □□□□□ や木で囲い（かこ），屋根が
わらをしっくいで固めるのは， ⑦ □□□□□ が
もたらす強い風から家を守るためです。

沖縄の伝統的（でんとう）な家

・また， ⑧ □□□□□ や湿度（しつど）が高いため，家の中
がむし暑くならないよう， ⑨ □□□□□ がよく
通るように，広い間口（まぐち・もう）が設けられています。

22 国土の気候の特色と人々のくらし
あたたかい土地の人々のくらし

▶▶▶ 答えは別さつ6ページ

1 (1)20点 (2)1つ20点 2 1つ10点

1 沖縄県の農業について，次の問題に答えましょう。

(1) 沖縄県で最もさかんにつくられている，右のグラフの □ にあてはまる農作物を何といいますか。

( )

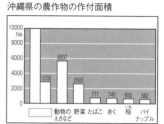

沖縄県の農作物の作付面積

(野菜，きくは2019年，その他は2020年)
[農林水産省統計表ほか]

(2) 正しいもの二つに◯をつけましょう。

( )沖縄県では，作物の成長を早めてつくる促成栽培によって，しゅんの時期とずらして出荷している。

( )沖縄県では，作物を大量に栽培することによって，より高い値段で出荷している。

( )沖縄県では，作物の成長をおさえながらつくる抑制栽培によって，しゅんの時期とずらして出荷している。

( )沖縄県では，作物を少ししか栽培しないことによって，より高い値段で出荷している。

2 沖縄県の家のつくりのくふうについて，次の文の（ ）の中から正しいものを一つずつ選んで，それぞれ◯で囲みましょう。

沖縄県の伝統的な家が，防風林や（ 石垣 草 ）で囲まれているのは，（ 台風 つゆ ）がもたらす強風から家を守るためです。また，一年じゅう気温と湿度が高いので，

（ たまった水を外に出しやすいように 風通しがよいように ）しています。さらに最近では，屋根を風に強い

（ コンクリート かわら ）でつくっている家も多く見られます。

23 国土の気候の特色と人々のくらし
寒い土地の人々のくらし

▶▶▶ 答えは別さつ6ページ 　点数

①〜⑩:1問10点

点

！覚えよう！

次の　　　にあてはまる言葉を書きましょう。

・北海道の十勝平野では，一農家あたりの畑の面積が全国平均より

　①　　　　　，夏でも　②　　　　　気候を生かした農業が行われ

ています。

・十勝平野の代表的な農作物には，　③　　　　　やあずき，ポテトチッ

プスの材料にもなる　④　　　　　，砂糖の原料になる

　⑤　　　　　などがあります。

・十勝平野では，作物の病気を防ぐため，同じ畑でもちがう作物を年

ごとにつくっていく　⑥　　　　　が行われることもあります。

★考えよう★

右の絵を見て，次の　　　にあてはまる言葉を書きましょう。

・絵は，北海道でよく見られる家の例です。
冬のきびしい寒さから家の中を守るため，
玄関やまどを　⑦　　　重にするなどのくふ
うがされ，だんぼうに使う　⑧　　　　　をた
めておく大きなタンクもあります。

・近年では，上から見ると屋根が　⑨　　　　　に向かってかたむき，

　⑩　　　　　が下に落ちないようにする家も見られます。

また，屋根の　⑨　　に集まった　⑩　　はパイプを通り，流れます。

24 国土の気候の特色と人々のくらし
寒い土地の人々のくらし

▶▶▶ 答えは別さつ6ページ

1 (1)(2)1つ10点 (3)10点 **2** 1つ10点

1 次の問題に答えましょう。

(1) 次の文の（　）の中から正しいものを一つずつ選んで，それぞれ〇で囲みましょう。

　　北海道の十勝平野では，一農家あたりの面積が全国平均より（ 広い　せまい ）畑で，（ 冬もあたたかい　夏もすずしい ）気候を生かした，（ 大　小 ）規模な農業が行われています。

(2) 十勝平野でさかんにつくられている農作物を，次から三つ選んで，〇をつけましょう。

　　（　　）じゃがいも　　（　　）さとうきび　　（　　）小麦

　　（　　）さつまいも　　（　　）てんさい　　（　　）キャベツ

(3) 輪作を行う主な理由は，農作物の□□□□を防ぐためです。□□□□にあてはまる言葉を書きましょう。

（　　　　　　　　　　　　　　）

◆チャレンジ◆

2 北海道の家屋について，次の文の（　）の中から正しいものを一つずつ選んで，それぞれ〇で囲みましょう。

　　北海道で，屋根が中央に向かってかたむいている家が見られるのは，（ 雪　雨 ）が屋根から下に落ちないようにするためです。また，（ 寒さ　暑さ ）に対応するため，燃料を大きなタンクにためることが多く，この燃料である（ 原油　灯油 ）を買うのにも，かなりのお金がかかります。

27

25 国土の気候の特色と人々のくらしのまとめ

▶▶▶ 答えは別さつ6ページ

1 1問20点　**2** 1問10点

1 次の問題に答えましょう。

(1) 日本で，かえでやもみじが紅葉する時期について，正しいもの一つに○をつけましょう。

（　　　）北の地域や高い土地の方が早く紅葉が始まる。

（　　　）南の地域や低い土地の方が早く紅葉が始まる。

（　　　）全国でいっせいに紅葉が始まる。

(2) 日本海側で降水量が多い季節は，夏，冬のどちらですか。

（　　　　　　　　　　）

(3) (2)のような気候の原因をつくっている風を何といいますか。

（　　　　　　　　　　）

(4) 北海道で，右の絵のように，上から見ると屋根が中央に向かってかたむいている家が見られるのは，何が下に落ちるのを防ぐためですか。　（　　　　　　　　）

2 次の問題に答えましょう。

(1) 沖縄県でさかんにつくられている，砂糖の原料になる農作物は何ですか。　（　　　　　　　　）

(2) 農作物の成長を本来より早めてつくることを何といいますか。

（　　　　　　　　　　）

26

国土の気候の特色と人々のくらしのまとめ

組み合わせパズル

▶▶▶ 答えは別さつ7ページ

日本の気候区分を❶〜❻で示した。❶〜❻をそれぞれの特色を記入した「お札」と組み合わせ，番号順にお札のひらがなを入れよう。どんな言葉ができるかな？

どんな言葉ができるかな？

❶

た

❷ た

❸

❹

❺

❻

❷は北海道の気候だから，た が入るんだよ。

か
夏が長く雨が多い。冬でもあたたかい。

た
冬が長く寒さがきびしい。

い
冬に雨・雪が多い。

は
夏に雨が多い。

あ
夏と冬の気温の差が大きい。

る
一年を通して降水量が少ない。

27 農業と人々のくらし
米づくりがさかんな地域

>>> 答えは別さつ7ページ

点数 ★

①～⑥：1問15点　⑦：10点

点

！覚えよう！

次の ▭ にあてはまる言葉を書きましょう。

・山形県の ① ▭ 平野などの ② ▭ 地方や，中部地方の日本海側は，全国でも米づくりがさかんな地域です。

・ ① ▭ 平野などの平野は，川が上流の山から運んできた肥えた ③ ▭ でできているので，農業に適しています。

・また，日本海側の山には，冬に ④ ▭ がたくさん積もります。春になると，それが解けることで，川の下流の平野では，米づくりに欠かせない ⑤ ▭ が豊富に得られます。

・さらに，日本海側では夏に，太平洋側から山をこえてきた，かわいた ⑥ ▭ がふきます。この風が稲をかわかすため，稲が病気にかかりにくく，米がたくさんとれるのです。

米づくりがさかんな地域の例

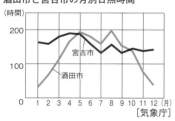

横手盆地（秋田県）
庄内平野（山形県）
南魚沼市（新潟県）

0　200km

★考えよう★

右の図を見て，次の ▭ にあてはまる言葉を書きましょう。

・庄内平野にある酒田市では，その気候を生かして米づくりがさかんです。酒田市と岩手県の宮古市を比べると，春から秋にかけての日照時間は，酒田市の方が ⑦ ▭ ，米づくりの条件により適していることがわかります。

酒田市と宮古市の月別日照時間

（時間）

200

宮古市

100

酒田市

0　1 2 3 4 5 6 7 8 9 10 11 12（月）

［気象庁］

28 農業と人々のくらし
米づくりがさかんな地域

練習

▶▶▶ 答えは別さつ7ページ

点数

点

1 (1)①・②1つ10点 (2)20点　2 1問10点

1 **次の問題に答えましょう。**

(1) 次の文の（　）の中から正しいものを一つずつ選んで，それぞれ
○で囲みましょう。

① 川が流れる平野が農業に適しているのは，平野の土地が，川が
（ **上流　下流** ）の山から運んできた，肥えた（ **水　土** ）ででき
ているからです。

② 冬の日本海側には，（ **北西　南東** ）からふくしめった風が，
たくさんの（ **雪　雨** ）をもたらします。これによって，春には
豊かな水が得られ，米づくりを支えます。また夏に
（ **北西　南東** ）からふくかわいた風が病気を防ぎ，じょうぶな
稲を育てます。

(2) 夏の日本海側で，山をこえてふいてくる，季節によってふく向き
が変わる風を何といいますか。　　　　（　　　　　　　　　　）

2 **右の図を見て，次の文の（　）の中から正しいものを一つずつ選んで，**
それぞれ○で囲みましょう。

酒田市と宮古市の月別日照時間

(1) 春から秋にかけて，（ **酒田　宮古** ）市
の方が，日照時間が長くなっています。

(2) 米づくりに合う条件は，春から秋にかけて
の日照時間が（ **短い　長い** ）ことです。

(3) 酒田市の方が，8月の昼と夜の気温差は
（ **小さく　大きく** ）なっています。

酒田市と宮古市の8月の最高気温と最低気温

	酒田市	宮古市
最高気温(℃)	29.7	26.3
最低気温(℃)	22.0	19.2

[気象庁]

29 農業と人々のくらし
米づくりの一年

▶▶▶ 答えは別さつ7ページ　　点数　★

①～⑥：1問15点　　⑦：10点

点

！覚えよう！

米づくりの様子を表した次の図を見て，あとの □ にあてはまる言葉を書きましょう。

庄内平野での米づくり	3月	4月	5月	6月	7月	8月	9月	10月
	・種もみを選ぶ ・共同作業の計画をつくる	・[ア]をまく ・[イ] ・なえを育てる	・[ウ] ・田植え ・じょ草ざいをまく	・水の管理 ・成長を調べる ・みぞをほる	・[エ]をまく	・病気や害虫から稲を守る ・穂が出る	・稲かりの計画をつくる ・稲かり、[オ]	・かんそう、もみすり ・[ア]をつくる

・上の図の**ア**は，わらや家畜のふんなどを長い間ねかせてつくった肥料のことです。これを，① _____ といいます。また，このように，薬品などではなく，動物や植物に関係あるものからつくった肥料のことを，② _____ といいます。

・上の図の**イ**では，米づくりを始める前に，水を入れていない田を耕す作業をします。これを，③ _____ といいます。

・上の図の**ウ**では，田植えの前に水を入れた田を耕して，土をやわらかくする作業をします。これを，④ _____ といいます。

・上の図の**エ**は，雑草や病気を防いだり，成長をうながしたりする薬品のことです。これを，⑤ _____ といいます。

・上の図の**オ**では，稲かりのあと，収穫した稲穂から，米が入ったもみを取り外す作業をします。これを，⑥ _____ といいます。

30 農業と人々のくらし
米づくりの一年

▶▶▶ 答えは別さつ8ページ

点数

点

1 全部できて40点　**2** (1)全部できて20点　(2)(3)1問20点

1 米づくりに関係のある左の言葉と，右の説明を正しく組み合わせて，線で結びましょう。

代かき　・

・もみの外側にあるもみがらを外して，米を取り出す。

田おこし・

・稲穂から，米が入ったもみを取り外す。

だっこく・

・水を入れる前の田を耕す。

もみすり・

・水を入れたあとの田を耕す。

2 次の問題に答えましょう。

(1) 米づくりの様子を表した次の五つの絵を，春がきてから作業をする順にならべかえましょう。

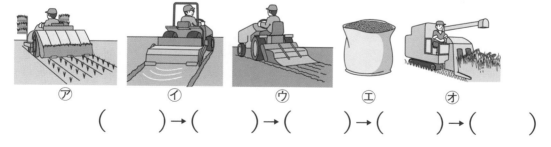

㋐　　　　㋑　　　　㋒　　　　㋓　　　　㋔

（　　　）→（　　　）→（　　　）→（　　　）→（　　　）

(2) 米が入ったままのもみで，米づくりのときに稲の種として使うものを何といいますか。

（　　　　　　　　　　　）

(3) わらや家畜のふんなどを長い間ねかせてつくった肥料を何といいますか。

（　　　　　　　　　　　）

31 農業と人々のくらし

米づくりを支える人々

理解

▶▶▶ 答えは別さつ8ページ　　点数　★

①～⑥:1問10点　⑦～⑧:1問20点

点

！覚えよう！

次の□□□にあてはまる言葉を書きましょう。

・農業以外で働いている家族がいない農家を ① ［　　　　　　　］農家，農業
以外で働いている家族がいる農家を ② ［　　　　　　　］農家 といいます。

・農家は，地域でとれた米を集め，かんそうして保存するしせつである
③ ［　　　　　　　　　　　　　　　　　　］を，共同で管理しています。

・農家はほかにも，みんなで水路〔用水路〕や農機具を管理して使った
り，米づくりの勉強会を開いたりします。このように，農業には，地域
の農家が協力しあって作業する，④ ［　　　　　　　］作業 が欠かせません。

・また，農家は，⑤ ［　　　　　　　　　　　］（アルファベット２文字で
⑥ ［　　　　　　　］ともよばれます）を利用して，農機具や肥料などを買っ
たり，作物を出荷したり，指導を受けたりすることもあります。

★ 考えよう ★

右の図を見て，次の□□□にあてはまる言葉を書きましょう。

・庄内平野でさかんにつくられて
いる「はえぬき」という品種の
米は，「庄内29号」と
「⑦ ［　　　　　　　　　　　　　　　］」
をかけあわせてできました。

はえぬきができるまで

```
び系67号・ふ系70号 ┐
ササニシキ      ┴── び系94号 ┐
                              ├── 庄内29号 ┐
コシヒカリ      ┐                          │
ササミノリ      ┴── 庄系G65 ┘              ├── はえぬき
                                           │
農林22号       ┐                          │
農林1号        ┴── コシヒカリ ┐           │
                              ├── あきたこまち ┘
Pi No.4        ┐              │
サンプク・大系437 ┴── 奥羽292号 ┘
```

・さまざまな長所をもった品種をかけあわせて，さらにみりょくのあ
る新しい品種をつくることを，⑧ ［　　　　　　　　　　　］といいます。

米づくりを支える人々

▶▶▶ 答えは別さつ8ページ

 点数 ___ 点

1 (1)全部できて20点 (2)(3)1問10点 (4)1つ10点 **2** 全部できて20点

1 次の問題に答えましょう。

(1) 左の言葉と，右の説明を正しく組み合わせて，線で結びましょう。

専業農家・　　　　　　　　・農業だけで生活をしている農家。

兼業農家・　　　　　　　　・農業以外の収入もある農家。

(2) 地域でとれた米を集めてかんそうし，保管する右の絵のようなしせつを何といいますか。

（　　　　　　　　　　　　　　）

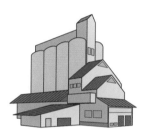

(3) 正しい方に○をつけましょう。

（　　　）農家はたがいに協力せず，自分の家だけの力で農業をする。

（　　　）農家は，共同作業でたがいに協力をしながら農業をする。

(4) 米づくりについてまとめた次の文の（　　　）の中から正しいものを一つずつ選んで，それぞれ○で囲みましょう。

　　農家は農業用水をみちびく（ 水路　川 ）や，（ 農薬　草 ）をまく機械，地域でとれた米を一か所に集めて（ 保存　消費 ）するしせつを，（ 共同で　自分で ）管理し，効率よく農業を行っています。

2 「コシヒカリ」という品種は，何という品種と何という品種をかけあわせてできた米ですか。34ページの右下にある図を見て答えましょう。

（　　　　　　　　　　　）と（　　　　　　　　　　　）

33 農業と人々のくらし
米のゆくえ，米づくりへの提案

▶▶▶ 答えは別さつ8ページ

点数

①～④：1問15点　⑤～⑧：1問10点

点

！覚えよう！

次の□□にあてはまる言葉を書きましょう。

・出荷された米は，① □□□□□□□や鉄道，人や貨物の輸送用の大きな船である② □□□□□□□などで運ばれて，各地の店ではん売されます。消費者が買うときの値段には，生産にかかる費用だけでなく，輸送やはん売の費用もふくまれています。

・消費者がインターネットなどを通じて，③ □□□□□から米を直接買って宅配便を使ってとどけてもらうことも可能です。

★考えよう★

右のグラフを参考にして，次の□□にあてはまる言葉を書きましょう。

・わが国の米の消費量は，じょじょに④ □□□□□きています。

・そのため，水田を減らして米の生産量をおさえる⑤ □□□□□を行い，ほかの作物をつくる⑥ □□□□□を進める政策が行われてきました。

米の生産量と消費量の変化

[食料需給表　令和3年版]

・また，農業で働く年令の⑦ □□□□□人が減ってきているという課題もあります。

・いっぽうで，米のつくり方をくふうしたり，新しい食品を開発したりして，米の消費量を⑧ □□□□□取り組みもさかんです。

 34

農業と人々のくらし
米のゆくえ，米づくりへの提案

 練習

▶▶▶ 答えは別さつ9ページ

1 1つ10点 　**2** 1問20点

点

---

1 次の問題に答えましょう。

(1) 山形県の米がとどけられる地方として最も多い地方と二番目に多い地方を，右の地図の㋐〜㋖から二つ選びましょう。　（　　　）（　　　）

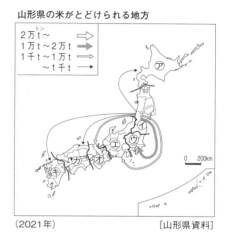

山形県の米がとどけられる地方

2万t〜
1万t〜2万t
1千t〜1万t
〜1千t

㋐
㋑
㋒
㋓
㋔
㋕
㋖

0　　　200km

（2021年）　　　［山形県資料］

(2) 全国各地に米を輸送するときに使われる交通手段を三つ答えましょう。

（　　　　　　　　　　　）
（　　　　　　　　　　　）
（　　　　　　　　　　　）

(3) 店で農産物を買うときの値段について，正しいもの一つに〇をつけましょう。

（　　　）生産・輸送・はん売にかかる費用が値段にふくまれている。

（　　　）生産にかかる費用だけ値段にふくまれている。

2 次の問題に答えましょう。

(1) 米の消費量が減ったことによって進められていた政策について，正しい方に〇をつけましょう。

（　　　）水田を減らし，転作を進める政策。

（　　　）新たな水田をつくり，米の生産を増やす政策。

(2) (1)の政策を何といいますか。

（　　　　　　　　　　　　）

35 農業と人々のくらし
野菜づくりと果物づくり

理解

▶▶▶ 答えは別さつ9ページ

①～④:1問10点　⑤～⑦:1問20点

点数　点

！覚えよう！

次の□□□にあてはまる言葉を書きましょう。

・宮崎県では、冬でもあまり寒くならない気候を利用した、きゅうりなどの農産物づくりがさかんです。この地域では、ビニールでできた温室である、① ＿＿＿＿＿＿ の中をだんぼうで少しあたためながら、きゅうりを育てています。

・だんぼうや、トラックなどでの輸送には、燃料が必要です。そのため、宮崎県のきゅうりづくりには、生産費や輸送費が、燃料のもとになる② ＿＿＿＿ の値段の変化に左右される問題があります。

・福島県の福島盆地では、ももなどの果物づくりがさかんです。この辺りの土地は水はけが③ ＿＿＿＿ ので、果物づくりに適しています。

・北海道や、九州地方の鹿児島県や宮崎県では、肉にするための牛の飼育がさかんです。肉にするための牛を、④ ＿＿＿＿ といいます。

★考えよう★

右の地図を見て、次の□□□にあてはまる言葉を書きましょう。

・⑤ ＿＿＿＿ 平野にある茨城県や

⑥ ＿＿＿＿ 県では、年間をとおして野菜の生産額が大きくなっています。人口が多く消費量が非常に多い東京都などの⑦ ＿＿＿＿ に近い地域で野菜の生産がさかんなことがわかります。

野菜の生産額トップ5の都道府県 (2020年)

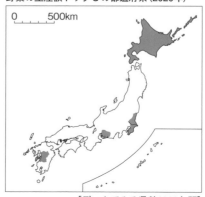

0 _____ 500km

[データでみる県勢2023年版]

36 農業と人々のくらし
野菜づくりと果物づくり

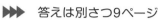

▶▶▶ 答えは別さつ9ページ

1 1つ10点　**2** 1つ10点

点数　　　　点

1 野菜づくりについて，右の地図も参考にして，正しいものには○を，まちがっているものには×をつけましょう。

（　　）野菜の生産額が大きい地域は北に集中している。

（　　）野菜の生産額が大きい地域は南に集中している。

（　　）北陸地方は野菜の生産額は比較的小さくなっている。

（　　）関東平野では近くの大都市に出荷する農業がさかんである。

都道府県別の野菜の生産額(2020年)

- 1000億円以上
- 500〜1000億円未満
- 200〜500億円未満
- 200億円未満

0 　200km

[データでみる県勢2023年版]

（　　）関東平野では冬でもあまり寒くならない気候を生かした農業がさかんである。

（　　）九州では冬でもあまり寒くならない気候を生かした農業がさかんである。

（　　）中部地方には野菜の生産額が大きい地域は見られない。

（　　）近畿地方は野菜の生産額は比較的小さくなっている。

2 日本の農産物について，次の文の（　　）の中から正しいものを一つずつ選んで，それぞれ○で囲みましょう。

　冬でもあたたかい地域では，ほかの産地からの出荷が

（　減る　増える　）寒い時期に燃料をあまり使わずにビニールハウスで育てた野菜を出荷することができます。

　草原の広がる北海道や鹿児島県，宮崎県では（　乳牛　肉牛　）の飼育がさかんです。

37 農業と人々のくらしのまとめ

▶▶▶ 答えは別さつ9ページ

1 (1)全部できて50点 (2)1問10点 **2** 1問10点

点数 ★

点

1 次の問題に答えましょう。

(1) 次の米づくりの作業の㋐～㋔について，春がきてから作業をする
順番の数字を書きましょう。

㋐　　　　㋑ 代かき　㋒ 田おこし　㋓ もみすり　㋔

(　)　　(　)　　(　)　　(　)　　(　)

(2) (1)の㋐・㋔の作業を何といいますか。

㋐ (　　　　　　　　)

㋔ (　　　　　　　　)

2 次の問題に答えましょう。

(1) とれた米を集めてかわかし，保管するしせつを何といいますか。

(　　　　　　　　)

(2) 水田を減らして米の生産量をおさえる政策を何といいますか。

(　　　　　　　　)

(3) 農家が機械などを買ったり，農産物を出荷したりするときに利用
することがある，農業のための組合を何といいますか。

(　　　　　　　　)

38 農業と人々のくらしのまとめ

大追せきゲーム

▶▶▶ 答えは別さつ10ページ

米ができるまでのたくさんの作業を，一つもとばさずに，順序よく，最後まで追ってみよう。

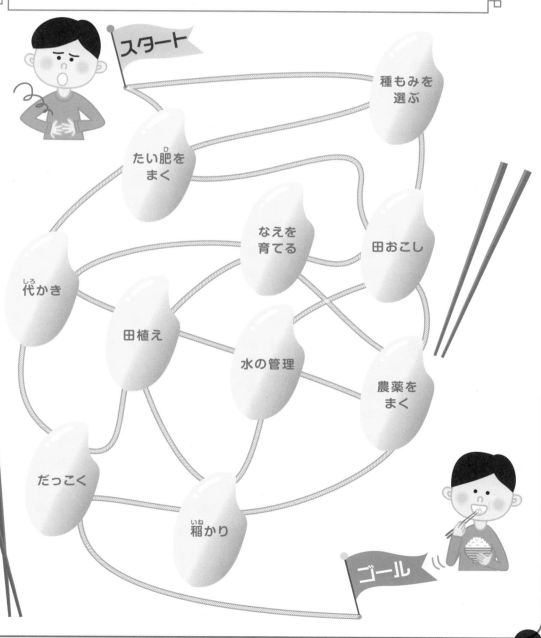

スタート

種もみを選ぶ

たい肥をまく

なえを育てる

田おこし

代かき

田植え

水の管理

農薬をまく

だっこく

稲かり

ゴール

39 水産業と人々のくらし
日本の水産業

▶▶▶ 答えは別さつ10ページ
①〜⑩：1問10点

点数

点

覚えよう

次の□□にあてはまる言葉を書きましょう。

・海，川，湖などにいる，魚や貝，海そうなど
の生物を，商品にするためにとったり増やした
りする仕事を，①_____業といいます。

日本の近くの海流

・右の地図の⑦と⑦は，北からの冷たい海流で
す。⑦の海流を②_____海流，⑦
の海流を③_____といいます。

・また，右の地図の⑦と⑦は，南からのあたたかい海流です。⑦の海
流を④_____海流，⑦の海流を⑤_____といいます。

・冷たい海流を⑥_____，あたたかい海流を⑦_____といいます。
両方の海流がぶつかる日本の周辺は，海の生物にめぐまれています。

考えよう

右の図を見て，次の□□にあてはまる言葉や数字を書きましょう。

・右の図から，日本の沿岸には⑧_____月
から⑨_____月にかけて，かつおがいる
ことがわかります。これは，あたたかい海
流に乗って北上してきたからです。

かつおの回遊

・このように，魚がすむところを季節によっ
て変えていくことを，⑩_____といいま
す。

40 水産業と人々のくらし
日本の水産業

➤➤➤ 答えは別さつ10ページ

点数

点

1 (1)全部できて40点 (2)(3)1つ10点 **2** 1つ10点

1 次の問題に答えましょう。

(1) 左の海流の名前と，右の説明を正しく組み合わせて，線で結びましょう。

黒潮〔日本海流〕・　　　　　　　・日本海を流れる暖流

親潮〔千島海流〕・　　　　　　　・日本海を流れる寒流

対馬海流　　　・　　　　　　　・太平洋を流れる暖流

リマン海流　　・　　　　　　　・太平洋を流れる寒流

(2) 右の地図の㋐〜㋒から，暖流を二つ選びましょう。

（　　　　）（　　　　）

(3) 右の地図の㋐〜㋒から，寒流を二つ選びましょう。

（　　　　）（　　　　）

日本の近くの海流

2 次の文の（　　）の中から正しいものを一つずつ選んで，それぞれ○で囲みましょう。

かつおは，日本の沿岸の海水があたたかい季節になると日本の近くにやってきて，寒い季節になると（ 赤道　北極 ）の方へもどっていく魚です。このように，魚が季節によって，すむところを変えていくことを（ 水産　回遊 ）といいます。

41 水産業と人々のくらし
とる漁業

理 解

▶▶▶　答えは別さつ10ページ　点数

①～⑦:1問10点　⑧～⑨:1問15点

点

!覚えよう!

次の□□にあてはまる言葉を書きましょう。

・遠くの海まで行き，長い期間をかけて行う漁業を①[　　　　]漁業，

　10 t 以上の船で数日がかりで行う漁業を②[　　　　]漁業，10 t

　未満の船や,陸地の近くで行う漁業を③[　　　　]漁業といいます。

・かつおなどをつりざおで一ぴきずつつり上げると

　り方を④[　　　　]といいます。さしみ用に

　するなど，新鮮さが求められる場合は，つった魚

　を船の上ですぐに⑤[　　　　]することもあります。

・いっぽう，魚の群れをとりまくように，あみを下

　ろして大量に魚をとる⑥[　　　　]漁も

　あります。魚の群れを見つける機械のことを，

　⑦[　　　　]といいます。

★考えよう★

右の地図を見て，次の□□にあてはまる言葉を書きましょう。

・静岡県の焼津港は，⑧[　　　　]と名古屋とい

　う二つの大消費地のほぼ中間にあるため，か

　つおを水あげする漁港として栄えています。

・焼津港のような大きな漁港の近くには，水あげされた魚などを加工

　する⑨[　　　　]があります。

42 水産業と人々のくらし
とる漁業

▶▶▶ 答えは別さつ11ページ

1 (1)1問15点 (2)全部できて15点 **2** 1つ10点

点数 ★

点

1 次の問題に答えましょう。

(1) 右の地図の㋐〜㋒の漁業の分類
を，それぞれ何といいますか。

㋐（　　　　　　　漁業）

㋑（　　　　　　　漁業）

㋒（　　　　　　　漁業）

(2) 地図の㋑・㋒の漁業で使う
船は，それぞれ，右の絵の
どちらの船ですか。

㋑（　　）

㋒（　　）

2 次の文の（　　）の中から正しいものを一つずつ選んで，それぞれ○
で囲みましょう。

　　かつお漁でよく用いられる漁法には，かつおを一ぴきずつつり上
げる（ 定置あみ漁　一本づり ）と，かつおの群れをあみでとり囲
んで一度にたくさんとる（ 地引きあみ漁　まきあみ漁 ）の２種類
があります。どの漁法でも，まず（ 魚群探知機　船 ）でかつおが
たくさんいるところをさがします。かつおは漁港に水あげされ，
（ カントリーエレベーター　水産加工工場 ）にもちこまれます。

水産業と人々のくらし
水産物のゆくえ，水産加工

理　解

▶▶▶ 答えは別さつ11ページ

①～⑤：1問14点　⑥～⑧：1問10点

点数 ★

点

！覚えよう！

次の◯◯にあてはまる言葉を書きましょう。

・水あげされた魚かい類は，市場で，買いたい人が買いたい ①◯◯◯

を出し合い，いちばん高い額を示した人が買い取ります。このよう

な売り買いの方法を ②◯◯◯ といいます。

・市場での ① は，種類，とれた季節や日にちなどによって大きく

変わります。高く売るために，③◯◯◯ 機能がついたトラック

で ④◯◯◯ さを保つくふうをしながら，運びます。

・魚の価格には，魚をとるための費用だけではなく，トラックなどの

⑤◯◯◯ の費用や魚を売るスーパーマーケットなどでかかる

費用がふくまれています。

★考えよう★

右の図を見て，◯◯にあてはまる言葉を書きましょう。

・かつお節の工場は，かつおが水

あげされた ⑥◯◯◯ の近くに

数多くあり，清潔な環境でかつ

お節がつくられています。

・かつお節の製造には，身をくず

さないように ⑦◯◯◯ をぬく

工程があり，機械化がむずかし

く，⑧◯◯◯ による作業が必

要です。

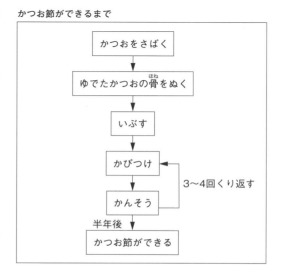

かつお節ができるまで

```
かつおをさばく
    ↓
ゆでたかつおの骨をぬく
    ↓
いぶす
    ↓
かびつけ ←┐
    ↓     │ 3～4回くり返す
かんそう ─┘
半年後 ↓
かつお節ができる
```

44 水産業と人々のくらし
水産物のゆくえ，水産加工

練習

▶▶▶ 答えは別さつ11ページ

点

1 (1)1問20点 (2)10点 (3)1つ10点　**2** 1つ10点

1 次の問題に答えましょう。

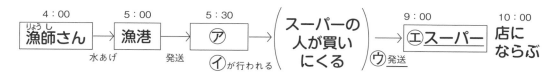

(1) 図の㋐・㋑にあてはまる言葉を，〔せり　市場〕から選びましょう。

　　　　㋐（　　　　　　　　）　㋑（　　　　　　　　　　　）

(2) 図の下線㋒の発送のくふうについて，正しい方に○をつけましょう。

（　　　）魚かい類が冷えすぎないように，魚かい類に温かい風を送りながらトラックで運ぶ。

（　　　）魚かい類の品質を保つために，保冷機能のついたトラックで運ぶ。

(3) 図の下線㋓のスーパーで売られる魚の価格にふくまれているものを三つ選んで，○をつけましょう。

（　　　）魚をとる費用　　　（　　　）加工工場の費用

（　　　）輸送の費用　　　　（　　　）スーパーでの費用

（　　　）農家の費用　　　　（　　　）加工工場で働く人の費用

2 かつお節の工場についてまとめた次の文の（　）の中から正しいものを一つずつ選んで，それぞれ○で囲みましょう。

　工場では，（ 清潔な　ほこりがある ）環境の中で，安心な方法でつくられています。身をくずさずに骨をぬくことなど，人間の目や手が必要なものは（ 機械　人 ）による作業が必要です。

45 水産業と人々のくらし
育てる漁業，水産業の課題

▶▶▶ 答えは別さつ11ページ

①～⑩：1問10点

点数 ★

点

！覚えよう！

次の ▭ にあてはまる言葉を書きましょう。

・最近の漁業は，しせつで育てて出荷（しゅっか）する ① ▭ 業や，たまごをかえして放流し，自然の中で育ってからとる ② ▭ 漁業といった，「つくり育てる漁業」がさかんになってきました。

・魚を育てる漁業では，海の中にプランクトンが大量に発生して起こる ③ ▭ などで魚に被害（ひがい）が出ないように気をつけています。

★ 考えよう ★

右のグラフを見て，次の ▭ にあてはまる言葉を書きましょう。

・1970年～80年の減少（げんしょう）が大きいのは ④ ▭ 漁業，増加（ぞうか）が大きいのは ⑤ ▭ 漁業です。これは排他的経済水域（はいたてきけいざいすいいき）（200海里（かいり）水域）のえいきょうと考えられます。

・1990年～95年の変化が一番大きいのは ⑥ ▭ 漁業で，漁業生産量が大きく ⑦ ▭ います。

これは，魚をとりすぎたことや ⑧ ▭ が増えたためです。

・変化が少ないのは ⑨ ▭ 漁業と ⑩ ▭ 業で，漁業生産量が安定していることがわかります。

漁業別の生産量

700 万t 沖合漁業（おきあい）
600
500
400 遠洋漁業　　　沿岸漁業（えんがん）（養しょく業をのぞく）
300
200 養しょく業
100
0
1970 75 80 85 90 95 2000 05 10 15 20 21
（昭和45年（しょうわ））　　　（平成2（へいせい））　　　（令和2（れいわ））

［漁業・養殖業生産統計年報］

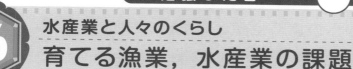

46 水産業と人々のくらし
育てる漁業，水産業の課題

▶▶▶ 答えは別さつ11ページ

1 (1)20点 (2)1問10点 2 1つ10点

点数 □ 点

1 次の問題に答えましょう。

(1) 右の絵のような漁業を何といいますか。

（　　　　　　　）

(2) 右の絵の㋐〜㋔にあてはまる言葉を，①〜④から選んで書きましょう。

①水あげ

②放流

③自然の中で育つ

④たまごをかえしてしばらく育てる

大きく育ったものだけとる

㋐（　　　）　㋑（　　　）　㋒（　　　）　㋓（　　　）

2 次の文の（　　）の中から正しいものを一つずつ選んで，それぞれ○で囲みましょう。

1977年ごろから，沿岸から（ 200海里　200km ）以内の海で外国が魚をとることを（ すすめる　制限する ）国が増えました。そのため日本では，（ 沿岸　遠洋 ）漁業の生産量が減りました。その後，日本が外国から安い魚を輸入することが（ 増えた　減った ）ことも，日本の漁業の生産量にえいきょうをあたえています。

47 これからの食料生産とわたしたち
食生活の変化と食料生産

理解

▶▶▶ 答えは別さつ12ページ

①〜⑥：1問15点 ⑦：1問10点

点数 ★

◯◯◯ 点

!覚えよう!

次の □ にあてはまる言葉を書きましょう。

・国内で消費される食料のうち，国内で生産された食料のわりあいを，食料 ① □ 率といいます。日本は世界の主な国の中でも，このわりあいが ② □ 国です。

・日本は食料の多くを，外国からの ③ □ にたよっています。

現在，食生活の変化で ④ □ （パンの原料）や乳製品が多く食べられるようになりました。また，③ されている食料の多くは国産より値段が ⑤ □ うえ，国内では多く生産されない種類の食料を手に入れることができます。

・しかし，食料を ③ にたよりすぎると，生産国に災害が起きるなどして食料が手に入らなくなることも考えられます。

・日本のこれからの食料生産は，⑥ □ して食べられる ⑦ □ な食料をつくることが課題です。

日本と主な国における食料の国内消費量に対する国内生産量のわりあい

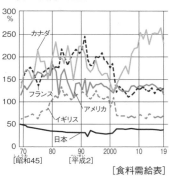

[食料需給表]

食料品の輸入量の変化

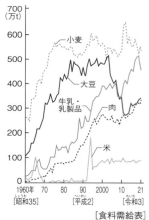

[食料需給表]

日本産と外国産の食料の値段

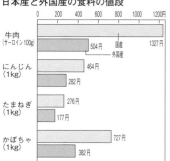

（牛肉は2022年度，その他は2016年）
[農林水産省　農畜産業振興機構ほか]

50

48 これからの食料生産とわたしたち
食生活の変化と食料生産

練習

▶▶▶ 答えは別さつ12ページ

1 1問10点 **2** 1つ10点

点

1 右のグラフを見て，次の問題に答えましょう。

(1) グラフにある四つの農産物のうち，外国産の値段に比べて，日本産の値段のわりあいが最も高いものはどれですか。

（　　　　　　　　　）

日本産と外国産の農産物の値段
（1kgあたり，牛肉は100gあたり）

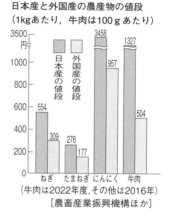

（牛肉は2022年度,その他は2016年）
[農畜産業振興機構ほか]

(2) (1)の農畜産物の日本産の値段は，外国産の値段の，およそ何倍ですか。整数で答えましょう。

（およそ　　　　　　倍）

2 次の文の（　）の中から正しいものを一つずつ選んで，それぞれ◯で囲みましょう。

　右のグラフから，日本では（ 米　小麦 ），（ 大豆　野菜 ）の食料自給率が低く，そのほとんどを（ 輸入　輸出 ）にたよっていることがわかります。多くは，外国産の方が（ 安く　高く ），種類も（ 多い　少ない ）などの理由があげられます。

日本の農産物の主な食料自給率

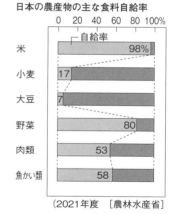

（2021年度 ［農林水産省]

　ただ，（ 日本　生産国 ）で災害などが起き，食料が入手できない可能性もあります。日本は世界の主要国の中でも食料自給率が（ 高い　低い ）国ですが，今後は国内に安定して食料をいきわたらせるため，食料自給率を（ 低め　高め ）る必要があります。

49 これからの食料生産とわたしたち
これからの食料生産

▶▶▶ 答えは別さつ12ページ

①〜⑩：1問10点

点数 ★

点

！覚えよう！

次の ☐ にあてはまる言葉を書きましょう。

・日本では，田畑の面積が ①[＿＿＿] 続けています。また，農業や漁業で働く人の数も ②[＿＿＿] 続けていて，そのうち，年令が高い人のわりあいは ③[＿＿＿] 続けているという課題があります。

・日本では今まで，農業は農家が行うものでした。しかし，最近は農業を行う会社の数が ④[＿＿＿] ています。

・地元でとれた食料を地元で消費しようという ⑤[＿＿＿] の動きや，どのような場所でどのような人が生産したかなどの記録を明らかにする ⑥[＿＿＿]，食品を輸入するときには安全を守るための検査を空港などにある ⑦[＿＿＿] で行う，国外からの食料の輸入や国内での食料の輸送をするときの環境への負担を数字で表す ⑧[＿＿＿] といった食の安心・安全の取り組みが行われています。

★考えよう★

次の ☐ にあてはまる言葉を書きましょう。

・山の斜面に階段状につくられた ⑨[＿＿＿] は，山にふった雨が一度に流れ出すのを防ぎ，山が水をたくわえるはたらきを助けています。

・食料生産を守ることは，人や生物がくらしやすい環境を守ること（⑩[＿＿＿]）にもつながります。

これからの食料生産とわたしたち

これからの食料生産

▶▶▶ 答えは別さつ12ページ

1 (1)1つ20点 (2)全部できて20点 **2** 1つ20点

1 次の問題に答えましょう。

(1) 最近の日本で増えているもの二つに○をつけましょう。

（　　　）田畑の面積

（　　　）農業や漁業で働く人の数

（　　　）農業を行う会社の数

（　　　）農業や漁業で働く人のうち，年令が高い〔60才以上の〕人
のわりあい

(2) 左の言葉と，右の説明を正しく組み合わせて，線で結びましょう。

トレーサビリティ・　　　　・遠くで生産されたものより，自分が住
んでいる地域で生産された農産物や水
産物を食べようという考えや動き。

地産地消　　　　　・　　　　・食料を輸送する際の環境への負担を数
字で表す考え方。

フードマイレージ・　　　　・農産物の生産者などの情報を記録し，
確認できるしくみ。

2 右の絵を見て，次の文の（　　　）にあてはまる言葉を書きましょう。

山の斜面に（①　　　　　）状につくられた

（②　　　　　　）は，「だんだん」になっている

ため，水がゆるやかに上から下に流れ落ちま

す。また，水をためておく効果があります。

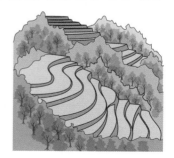

51 水産業と人々のくらし，これからの食料生産とわたしたちのまとめ

▶▶▶ 答えは別さつ13ページ

点

1 (1)1問15点　(2)～(4)1問10点　**2** 1問20点

1 次の問題に答えましょう。

(1) 日本の太平洋側を南から流れる暖流を何といいますか。また，太平洋側を北から流れる寒流を何といいますか。

暖流（　　　　　　　）　寒流（　　　　　　　）

(2) 右のグラフの㋐～㋓のうち，遠くの海まで行き，長い期間をかけて行う漁業の生産量の変化を示したものはどれですか。

（　　　）

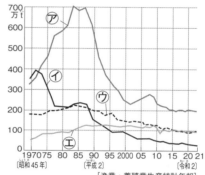

漁業別の生産量

700
万t
600
500
400
300
200
100
0
1970 75 80 85 90 95 2000 05 10 15 20 21
[昭和45年]　　[平成2]　　　　　[令和2]

[漁業・養殖業生産統計年報]

(3) たまごをかえして，稚魚や稚貝（おさない魚や貝のこと）を海に放し，自然の中で成長したものをとる漁業を何といいますか。

（　　　　　　　漁業）

(4) 市場で，品物を買いたい人が値段を出し合い，最も高い値段を出した人が買い取れるという売り買いの方法を何といいますか。

（　　　　　　　）

2 次の問題に答えましょう。

(1) 国内で消費される食料のうち，国内で生産されたもののわりあいを何といいますか。

（　　　　　　　）

(2) 地元で生産された食料を消費しようという考え方や，そのような考え方にもとづいた動きのことを，何といいますか。

（　　　　　　　）

52

水産業と人々のくらし，これからの食料生産とわたしたちのまとめ

完成！ パーフェクトあ・み・だ

▶▶▶ 答えは別さつ13ページ

☆ ☆ ☆ ☆ ☆ ☆ ☆ ☆ ☆ ☆ ☆ ☆ ☆ ☆

> 　3種類の魚をとるのに，最適な漁法が選べるように，「あみだ」くじを完成させよう。ぼうを一本入れると，最適な漁法にたどりつけるよ。

かつお

うなぎ

たい

船で沖に出てとる

成長するまで
育ててからとる

育てて海に放流し，
成長してからとる

53 さまざまな工業 自動車づくり

▶▶▶ 答えは別さつ13ページ　点数

①:10点　②〜⑦:1問15点

点

！覚えよう！

次の◻にあてはまる言葉を書きましょう。

自動車ができるまで

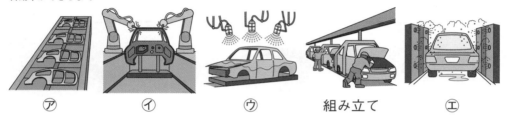

⑦　　　④　　　⑨　　　組み立て　　　⊕

・⑦は, ①◻の板を大きな機械で打ちぬいたり曲げたりして, ボディやドア, ボンネットなどの形をつくる②◻という作業です。

・④は, ⑦でつくったもののふちを高温でとかしながらつなぎ合わせ, 車体の形にする③◻という作業です。きけんな作業なので, 人間のかわりに④◻が活やくします。

・⑨は, ④でできた車体に, くり返し色をぬる⑤◻という作業です。

・色がぬられた車体に, エンジンやシート〔座席〕など, さまざまな部品を取りつけていく作業を, 「組み立て」といいます。一定の速さで進む⑥◻にそって, 分担して流れ作業をします。

・⊕は, 正しく組み立てられているか, 正しく動くか, 水もれがないかなどを調べる⑦◻という作業です。これに合格した自動車が出荷されます。

さまざまな工業
自動車づくり

練習

▶▶▶ 答えは別さつ13ページ

1 (1)1問10点 (2)全部できて20点　2 20点

点数
点

1 次の問題に答えましょう。

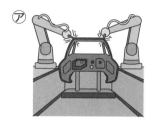

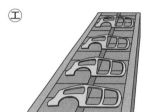

(1) ⑦～⑰は，それぞれ何といわれる作業ですか。次の □ から選んで，それぞれ書きましょう。

| ようせつ | 出荷^{しゅっか} | プレス | とそう | 検査^{けんさ} | 組み立て |

⑦ (　　　　　　　　)　　　イ (　　　　　　　　)

⑰ (　　　　　　　　)　　　エ (　　　　　　　　)

オ (　　　　　　　　)　　　カ (　　　　　　　　)

(2) ⑦～⑰を，作業を行う順に，ならべかえましょう。

(　　　) → (　　　) → (　　　) → (　　　) → (　　　) → (　　　)

2 自動車の車体に，流れ作業で部品を取りつけ，組み立てる作業をするところを何といいますか。

(　　　　　　　　　　　　)

55 さまざまな工業
自動車の部品をつくる工場，自動車のゆくえ

理 解

▶▶▶ 答えは別さつ13ページ 〈点数〉

①〜④:1問10点　⑤〜⑧:1問15点

点

！覚えよう！

次の◻にあてはまる言葉を書きましょう。

・自動車を組み立てる工場を ① ◻◻◻◻◻ 工場，

組み立て作業で使うシート，ドア，ライトなどの

② ◻◻◻◻ をつくる工場を ③ ◻◻◻◻◻ 工場と

いいます。

・ ② をつくる工場は，組み立てる工場から送ら

れる情報（じょうほう）をもとに，必要な数だけ部品をつくり，

決められた通りに，組み立てをする工場へ運びま

す。

・完成した自動車は，自動車を運ぶためのトラック

(④ ◻◻◻◻◻◻ といいます）や船などで，

国内だけでなく外国にも出荷（しゅっか）されます。

組み立て工場

部品をつくる工場

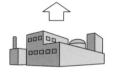
小さな部品を
つくる工場

細かな部品を
つくる工場

★考えよう★

次の◻にあてはまる言葉を書きましょう。

・最近は，日本の会社が ⑤ ◻◻◻◻ で自動車をつくり，現地（げんち）で売る例

も増（ふ）えています。こうすることで，その国の人たちの生活に合った，

⑥ ◻◻◻◻◻ にこたえられる車を提供（ていきょう）できます。

・自動車の値段（ねだん）には， ⑦ ◻◻◻◻ や製造（せいぞう）・組み立ての費用（ひよう）だけでなく，

その自動車の研究開発費や，輸送費（ゆそう），はん売費， ⑧ ◻◻◻◻ 費

（広告（こうこく）などの費用のこと）など，さまざまな費用がふくまれています。

さまざまな工業
自動車の部品をつくる工場，自動車のゆくえ

▶▶▶ 答えは別さつ14ページ

点数

点

1 (1)(2)全部できて1問30点 (3)10点 **2** 全部できて30点

1 次の問題に答えましょう。

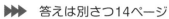

ア
細かな部品をつくる工場

イ
組み立て工場

ウ
小さな部品をつくる工場

エ
部品をつくる工場

(1) 自動車部品ができるまでのア～エの流れを，ならべかえましょう。

（　　　）→（　　　）→（　　　）→（　　　）

(2) ア～エのうち，関連工場にあてはまるものを，すべて書きましょう。

（　　　　　　　　　）

(3) 関連工場での部品づくりについて，正しい方に○をつけましょう。

（　　　）できるだけたくさんつくって，どんどん出荷する。

（　　　）情報にもとづいて，必要なときに必要な数だけつくる。

2 自動車の値段にふくまれる費用である左の言葉と，右の説明を正しく組み合わせて，線で結びましょう。

材料費　　　・　　　　　・広告を出したり，店に来てくれた人に記念品を配ったりする費用。

製造,組み立て費　・　　　・新製品を考えたり，そのために新しい技術をつくりだしたりする費用。

研究開発費　　・　　　　・鉄板をプレスしたり，部品を組み立てたりする作業にかかる費用。

せん伝費　　　・　　　　・ボディのもとになる鉄板や，さまざまな部品などを買う費用。

57 さまざまな工業
これからの自動車づくり

理 解

▶▶▶ 答えは別さつ14ページ 点数 ★

①～⑥:1問14点 ⑦～⑧:1問8点

点

！覚えよう！

次の □ にあてはまる言葉を書きましょう。

・現在, ① _____ という, 電気とガソリンなどの力を組み合わせて動かす自動車や, 水素と酸素から電気をつくる ② _____ を積んだ自動車の開発が進められています。

・このような自動車は, 排出ガスが少なく, 出ないものもあるので, 地球全体の気温が上がる地球 ③ _____ の原因になりにくく, 温室効果ガスの排出量をゼロにする ④ _____ 社会の実現にこうけんしようとしています。

・解体される自動車から, 鉄などの材料を取り出して再利用する, ⑤ _____ も進められ, 約90%が再利用されています。

・こうした取り組みは, 地球の ⑥ _____ を守ることにつながります。

★考えよう★

右の絵を見て, 次の □ にあてはまる言葉を書きましょう。

・自動車には, しょうとつ事故などのときに, 車内の人の体や命を守るくふうがあります。

・例えば, 乗っている人が車の外に投げ出されないようにする ⑦ _____ や,

事故のしゅん間にふくらんで, 乗っている人の体を守る ⑧ _____ が, 車内に取りつけられています。

58 さまざまな工業
これからの自動車づくり

練習

▶▶▶ 答えは別さつ14ページ

1 1問20点　**2** 1問10点

点数　　　　　　　　　点

1 次の説明に合う言葉を，あとの□□□から選んで書きましょう。

(1) 電気で動くモーターとガソリンで動くエンジンで走る自動車

（　　　　　　　　　　　）

(2) 右の絵のように水素と酸素から電気を
つくるそう置

（　　　　　　　　　　　）

水素と酸素から電気をつくるしくみ
空気
水素タンク
電気
モーター
水

(3) いらなくなったものから，材料になる
ものを取り出して，もう一度利用すること

（　　　　　　　　　　　）

(4) 自動車の排出ガスなどが原因となって，地球の気温が上がること

（　　　　　　　　　　　）

キャリアカー	地球温暖化	燃料電池
ハイブリッド車	リサイクル	リユース

2 次の説明に合うそう置の名前を書きましょう。

(1) 事故のときに自動車に乗っている人が外に投げ出されないよう
に，座席に固定するそう置

（　　　　　　　　　　　）

(2) 事故で自動車がしょうげきを受けたしゅん間に大きくふくらみ，
乗っている人の体を守るそう置

（　　　　　　　　　　　）

 **59** さまざまな工業
製鉄業と食料品工業

 理 解

▶▶▶ 答えは別さつ15ページ  ★点数★

①～⑤：1問16点　⑥～⑦：1問10点

| | 点 |

覚えよう

次の□□にあてはまる言葉を書きましょう。

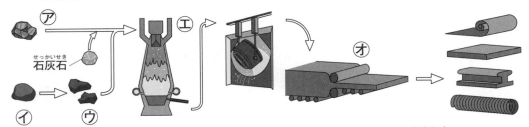

石灰石（せっかいせき）

・⑦は鉄をふくんだ石，⑦は石のようなかたまりの燃料（ねんりょう）です。⑦を

① ［　　　　　　　］，⑦を② ［　　　　　　　］といいます。日本では，どちら

も，ほぼすべてを③ ［　　　　　　　］して手に入れています。⑦は，⑦をむ

し焼きにしたもので，④ ［　　　　　　　］といいます。

・⑦は原料を入れて高温でとかし，鉄を取り出す⑤ ［　　　　　　　］です。こ

こから取り出した，とけた高温の鉄を⑦のように圧延（あつえん）してさまざま

な加工をほどこし，製品（せいひん）にしあげていきます。

考えよう

右の絵を見て，次の□□にあてはまる言葉を書きましょう。

・食料品をつくる工業の，ある会社で
は，右の絵のようにお好み焼き用ソー

スを⑥ ［　　　　　　　］にも輸出（ゆしゅつ）しています。

・それぞれの国や地域（ちいき）の好みや

⑦ ［　　　　　　　］に合うように商品開発

が行われています。

（veganとは，動物性の食品を食べない主義の
人々をさします。）

60 さまざまな工業
製鉄業と食料品工業

▶▶▶ 答えは別さつ15ページ

点

1 (1)全部できて20点 (2)1問15点　**2** 1つ10点

1 次の問題に答えましょう。

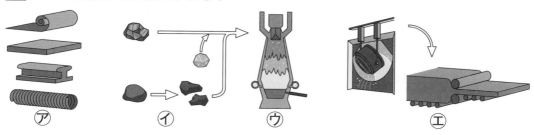

ⓐ　　　　　ⓘ　　　　　ⓤ　　　　　ⓔ

(1) ⓐ～ⓔを鉄ができるまでの流れに，ならべかえましょう。

(　　　)→(　　　)→(　　　)→(　　　)

(2) ⓐ～ⓔは，それぞれ何を表していますか。次の□□□から選んで，
それぞれ書きましょう。

こうろ 高炉	てんろ　あつえん 転炉・圧延	原料	せいひん 製品

ⓐ(　　　　　　　　)　ⓘ(　　　　　　　　)

ⓤ(　　　　　　　　)　ⓔ(　　　　　　　　)

2 次の文の( )の中から正しいものを一つずつ選んで，それぞれ◯で
かこ
囲みましょう。

　右の絵のように，お好み焼き用
ソースは，(日本だけ　世界中)で
はん売されているものもあります。
この会社では，(日本だけの
ちいき
地域や文化に合わせた)ソースの
開発を行っています。

(veganとは，動物性の食品を食べない主義の
人々をさします。)

さまざまな工業のまとめ

▶▶▶ 答えは別さつ15ページ

1 1問20点　**2** 1問10点

点数 ★

点

1 次の問題に答えましょう。

(1) 工場で，一定の速さの動きにそって，人々が分担しながら流れ作業をしていくところを何といいますか。

（　　　　　　　　　　）

(2) 自動車を組み立てる工場を組み立て工場というのに対して，組み立て工場で組み立てる部品をつくる工場を何といいますか。

（　　　　　　　　　　）

(3) ガソリンなどの力と電気の力を組み合わせて動く自動車を何といいますか。

（　　　　　　　　）

はやく走るとき…
電気＋ガソリンなど ♪

おそく走るとき…
電気だけ

(4) 地球の気温が上がる環境問題を何といいますか。

（　　　　　　　　　　）

2 日本での製鉄について，次の問題に答えましょう。

(1) 正しい方に◯をつけましょう。

（　　）原料の鉄鉱石や石炭は，主に国産のものが使われている。

（　　）原料の鉄鉱石や石炭は，ほとんどを輸入している。

(2) 鉄鉱石を，コークスなどといっしょに入れて高温でとかし，鉄を取り出すそう置を何といいますか。

（　　　　　　　　　　）

勉強した日　　月　　日

62 さまざまな工業のまとめ
かくれたものの，さがし当てクイズ

▶▶▶ 答えは別さつ15ページ

☆ ☆ ☆ ☆ ☆ ☆ ☆ ☆ ☆ ☆ ☆ ☆ ☆ ☆ ☆

日本の工業についての質問（しつもん）に記号で答え，絵の中にある答えの記号をすべてぬりつぶそう。何がかくれているかな？

質問

Q1. 自動車は出荷（しゅっか）の前に必ず（ア. 検査（けんさ）　イ. 圧延（あつえん））される。

Q2. 車体にシートを取りつける作業を（ウ. 組み立て　エ. 流れ作業）という。

ヒント Q3. 日本で一番自動車の出荷数が多いのは（オ. 愛媛県（えひめ）　カ. 愛知（あいち）県）である。

Q4. 鉄は（キ. 鉄鉱石（てっこう）　ク. 石油）と石灰石（せっかいせき），コークスを高炉（こうろ）で熱して取り出す。

Q5. 日本の製鉄（せいてつ）の原料の石炭は，ほぼすべて（ケ. 国産　コ. 外国産）である。

ヒント Q3. の答えは，カ. 愛知県
だから，カをぬりつぶしたよ。

65

63 工業生産と貿易
日本の貿易港

理 解

▶▶▶ 答えは別さつ15ページ

点数 ★

①～⑧:1問10点　⑨:20点

点

★ 考えよう ★

右の図を見て，次の □ にあてはまる言葉を書きましょう。

・日本で貿易額(① [　　　　] 額
＋輸入額)が最大の貿易港は，
② [　　　　] 空港 です。

主な貿易港と貿易額

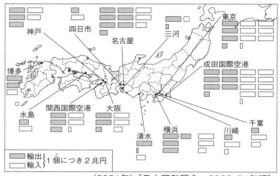

（2021年）[日本国勢図会 2023/24年版]

・また，船が発着する港に限れ
ば，貿易額が最大の貿易港は

③ [　　　　] 港，２位は

④ [　　　　] 港，３位は

⑤ [　　　　] 港 です。

・横浜港からの輸出は，

⑥ [　　　　] 類などが中心です。
また，輸入は，機械類や金属

横浜港の輸出品と輸入品

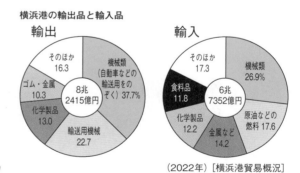

（2022年）[横浜港貿易概況]

など，⑦ [　　　　] 業 で使われるものが多いほか，大都市にある港なの

で，人が生きていくのに必要な ⑧ [　　　　] の輸入も多くなっ

ています。

★ 覚えよう ★

次の □ にあてはまる言葉を書きましょう。

・原油を輸送するときに使われる船を ⑨ [　　　　] といい，この大
型のものは国内で消費される原油の約半日分を運ぶことができます。

工業生産と貿易
日本の貿易港

練習

▶▶▶ 答えは別さつ16ページ

1 1問20点　**2** 1問10点

点数　　　　　　点

---

1 右の地図やグラフを見て，次の問題に答えましょう。

(1) 地図の⑦～⊆のうち，2021年現在，日本で最も貿易額が多い貿易港がある場所はどれですか。

（　　　　　）

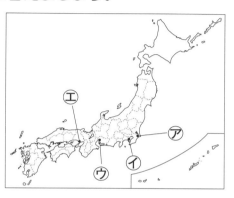

(2) (1)の貿易港は，何という名前ですか。

（　　　　　　　　　）

(3) 右のグラフの⑰や⊕を主に使う産業は，「農業」「水産業」「工業」「サービス業」の中では，どれですか。

（　　　　　　　　　）

横浜港の輸入品

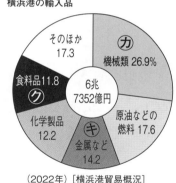

そのほか 17.3
食料品 11.8 ⑦
化学製品 12.2
⑰ 機械類 26.9%
6兆7352億円
原油などの燃料 17.6
⊕ 金属など 14.2

(2022年)〔横浜港貿易概況〕

(4) 右のグラフの⑦にふくまれるものは，「服」「パソコン」「小麦」「薬」の中では，どれですか。

（　　　　　　　　　）

2 次の問題に答えましょう。

(1) 原油の輸送に使われる船を何といいますか。

（　　　　　　　　　）

(2) (1)の船について，正しい方に◯をつけましょう。

（　　　）大きい船は国内消費の約半日分の原油を運べる。

（　　　）大きい船は国内消費の約半月分の原油を運べる。

65 工業生産と貿易
日本の貿易の特色

▶▶▶ 答えは別さつ16ページ

①〜⑩：1問10点

点数 ◯◯◯◯◯ | 点

★ 考えよう ★

右のグラフを見て，次の［　　］にあてはまる言葉を書きましょう。

- 日本の輸出品で最も多いのは

  ①［　　　　　　　］類で，次いで多いのは

  ②［　　　　　　］，③［　　　　　　］の

  順です。

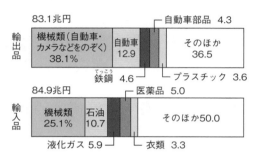

83.1兆円

輸出品 | 機械類（自動車・カメラなどをのぞく）38.1% | 自動車 12.9 | 鉄鋼 4.6 | 自動車部品 4.3 | プラスチック 3.6 | そのほか 36.5

84.9兆円

輸入品 | 機械類 25.1% | 石油 10.7 | 液化ガス 5.9 | 医薬品 5.0 | 衣類 3.3 | そのほか 50.0

（2021年）［日本国勢図会　2023/24年版］

- 日本の輸入品で最も多いのは

  ④［　　　　　　　］類で，石油，液化ガス

  などの⑤［　　　　　　　］が続きます。

！覚えよう！

次の［　　］にあてはまる言葉を書きましょう。

- 日本では長い間，工業の原料を輸入し，工業製品をつくって輸出する，⑥［　　　　　　　　　］を中心に産業が動いてきました。

- しかし，最近は，アジアを中心とした外国から，国産よりも値段が⑦［　　　　　　　］，品質もよい工業製品を多く輸入しています。

- 輸入製品が増えると，国内の産業で働く人の仕事が⑧［　　　　　　　］，産業がおとろえるといった問題が出ます。

- しかし，最近は，貿易の⑨［　　　　　　　］を行い，各国の産業などを活発にする動きがみられます。

- 日本から輸出された機械類は，⑩［　　　　　　　　］を行う，海外にある日本の工場でも使われています。

66 工業生産と貿易
日本の貿易の特色

練習

▶▶▶ 答えは別さつ16ページ

1 (1)1つ15点　(2)10点　**2** 1つ10点

1 次の問題に答えましょう。

(1) 右のグラフを見て，日本のこれまでの加工貿易について説明した次の文の（　）にあてはまる言葉を，あとの □ から選んで書きましょう。

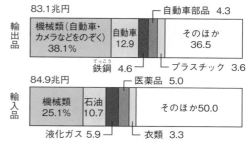

83.1兆円

| 輸出品 | 機械類（自動車・カメラなどをのぞく）38.1% | 自動車 12.9 | 鉄鋼 4.6 | 自動車部品 4.3 | プラスチック 3.6 | そのほか 36.5 |

84.9兆円

| 輸入品 | 機械類 25.1% | 石油 10.7 | 液化ガス 5.9 | 医薬品 5.0 | 衣類 3.3 | そのほか 50.0 |

(2021年)[日本国勢図会　2023/24年版]

　　日本は工業の（　　　　　）

となる石油や鉄などを

（　　　　　）し，それを（　　　　　）に加工して，安

く（　　　　　）していました。

| ねんりょう 燃料 | 原料 | ゆ にゅう 輸入 | ゆ しゅつ 輸出 | せいひん 工業製品 | 部品 |

(2) 最近，日本が工業の原料だけでなく，工業製品もさかんに輸入するようになってきた理由として，正しい方に○をつけましょう。

（　　）安くて質のよい工業製品を輸入できるようになったから。

（　　）日本製の工業製品の質が悪くなり，人気がなくなったから。

2 次の文の（　　）の中から正しいものを一つずつ選んで，それぞれ○で囲みましょう。

　　輸出された機械類は（ 国内生産　現地生産 ）のための工場でも使われています。この生産方法では，（ 外国産　国産 ）の製品が売れなくなってしまう可能性があります。

　　また，最近では，税金をかけるなどの制限をしない（ 自由な　保護的な ）貿易関係を結ぶ動きが世界的に広がっています。

67 工業生産と貿易のまとめ

▶▶▶ 答えは別さつ16ページ

1 1問10点　**2** (1)(2)1つ10点　(3)1つ10点

1 右の地図の㋐〜㋓は，2021年の貿易額（ぼうえきがく）が上から4番目までの貿易港を示（しめ）したものです。それぞれの貿易港の名前は何ですか。

㋐（　　　　　　　　　）

㋑（　　　　　　　　　）

㋒（　　　　　　　　　）

㋓（　　　　　　　　　）

0　　200km

2 次の問題に答えましょう。

(1) 日本の輸出（ゆしゅつ）上位2品目を，次から二つ選びましょう。

（　　）機械類　　　（　　）船舶（せんぱく）　　　（　　）衣類

（　　）自動車　　　（　　）肉類　　　（　　）薬

(2) 日本の輸入（ゆにゅう）上位2品目を，次から二つ選びましょう。

（　　）機械類　　　（　　）石油　　　（　　）米

（　　）自動車　　　（　　）石炭　　　（　　）鉄鉱石（てっこう）

(3) 次の文の（　　）の中から正しいものを一つずつ選んで，それぞれ○で囲（かこ）みましょう。

日本では最近になって，外国からの工業（　**製品**（せいひん）　**原料**　）の輸入（ふ）が増えてきています。このような輸入が大きく増えると，日本の工業は（　**栄える**　**おとろえる**　）かもしれません。

68 工業生産と貿易のまとめ
キーワード・ネットワーク

▶▶▶ 答えは別さつ17ページ

☆ ☆ ☆ ☆ ☆ ☆ ☆ ☆ ☆ ☆ ☆ ☆ ☆

ヒントを参考にして，下の ☐☐☐ から1字を選んで
1〜8の言葉を完成させよう。☐☐☐ のあまった文
字を組み合わせると，どんな言葉ができるかな？

→ で結ばれた1字が下の
言葉の一部に引きつがれるよ！

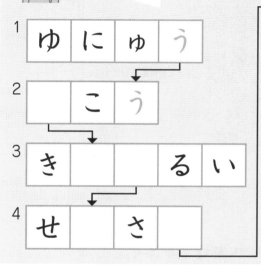

1 | ゆ | に | ゅ | う |

2 | | こ | う |

3 | き | | る | い |

4 | せ | | さ | |

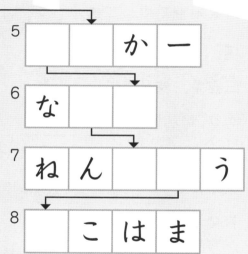

5 | | | か | ー |

6 | | な | |

7 | ねん | | | う |

8 | | こ | は | ま |

 う か く と だ い よ ら り ん

ヒント

1. 輸出(ゆしゅつ)と…　　2. 日本は◯◯◯貿易(ぼうえき)を行ってきた　　3. 日本の輸出品で最も多い

4. 海外で現地(げんち)◯◯◯◯されている　　5. 原油を運ぶ船　　6. 日本最大の貿易港

7. 日本で輸入が多いのは石油などの…　　8. 日本で四番目に貿易額(がく)が大きい港

答え ☐ ☐ つ ☐

69 工業生産と工業地域
日本の工業地域

理　解

▶▶▶　答えは別さつ17ページ

点数 ★

①〜⑦:1問10点　⑧〜⑨:1問15点

点

！覚えよう！

右の地図を見て，次の□□□にあてはまる言葉を書きましょう。

・地図に示した工業地
帯・工業地域のうち,
工業生産額が最大な
のは,⑦の①□□□□
工業地帯です。これ
は, ②□□□□□県と
三重県, 岐阜県に広
がり, 輸送機械の③□□□□□□□をつくる工業が特にさかんです。

主な工業地帯・工業地域と2020年の工業生産額

0　200km

北九州工業地域〔地帯〕(約9兆円)
瀬戸内工業地域(約28兆円)
北陸工業地域(約13兆円)
⑦(約32兆円)
関東内陸工業地域(約29兆円)
京葉工業地域(約12兆円)
⑦(約55兆円)
⑦(約23兆円)
東海工業地域(約17兆円)

[日本国勢図会　2023/24年版]

・大阪府と兵庫県に広がるのは,⑦の④□□□□□工業地帯です。また,
東京都と⑤□□□□□□□県に広がるのは, ⑦の⑥□□□□□工業地
帯です。

・□□□□の部分には, 工業地帯や工業地域が集中し, 帯のように続
いています。この部分を,⑦□□□□□□□□□といいます。

★考えよう★

次の□□□にあてはまる言葉を書きましょう。

・右上の地図から, 日本で工業がさかんな地域は⑧□□□□□□ぞいに広
がり, 工業生産額の大きい地域は⑨□□□□□□側の地域に多い
ことがわかります。

工業生産と工業地域
日本の工業地域

▶▶▶ 答えは別さつ17ページ

1 (1)16点 (2)(3)1つ16点　2 1問10点

1 右の地図を見て，次の問題に答えましょう。

(1) ㋐〜㋒の工業地帯や工業地域のうち，工業生産額が最も多いのは，どれですか。

(　)

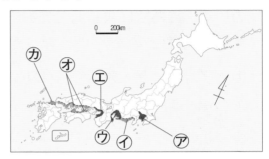

(2) ㋑・㋒の工業地帯または工業地域を何といいますか。

㋑(　　　　　　　　　　　　)

㋒(　　　　　　　　　　　　)

(3) ㋔・㋕の工業地帯または工業地域を何といいますか。

㋔(　　　　　　　　　　　　)

㋕(　　　　　　　　　　　　)

2 次の問題に答えましょう。

(1) 関東地方の南部から九州地方の北部にかけて続く，工業がさかんな帯状の地域を何といいますか。

(　　　　　　　　　　　　　　)

(2) 日本で工業がさかんな地域について，正しい方に◯をつけましょう。

(　)内陸部より，海ぞいに多く見られる。

(　)海ぞいより，内陸部に多く見られる。

71 工業生産と工業地域
工業製品のゆくえ

▶▶▶ 答えは別さつ17ページ ★点数

①〜④：1問15点　⑤〜⑧：1問10点

点

！覚えよう！

次の □ にあてはまる言葉を書きましょう。

・生産されたものが, 決められた時間に, 決められた場所(店など)に
とどくように輸送(ゆそう)するしくみを, ① □ といいます。

・日本では, 国内の貨物(かもつ)の輸送は主に, ② □ という貨物
を運ぶための大きな自動車で行われています。道路があるところな
らば, 運ぶ量があまり多くなくても運べます。

・ ② どうしが貨物をやりとりするための ③ □
が各地につくられているほか, 各地を速く行き来できるように,
④ □ が全国にのびています。

★考えよう★

次の □ にあてはまる言葉を書きましょう。

・ ⑤ □ を使うと, たくさんの貨
物を列車で一度に運べます。

・遠くへ速く貨物を運びたいときは,
⑥ □ を使うのが便利で
す。 ⑥ が飛ぶ路線によって, 全国
各地の ⑦ □ が結ばれています。

・特に重い貨物は, ⑧ □ を使っ
て海上で運ぶのが便利です。主な工業地帯や工業地域(ちいき)が海ぞいに多
いのは, 重たい原料や製品(せいひん)をこの方法で運ぶのに便利だからです。

主な空港と路線

・このほかにも,数多くの
空港や路線があります。

札幌(新千歳)
函館
大阪(伊丹)
高松
小松
大分
広島
東京(羽田)
福岡
関西
長崎
中部
熊本
松山
鹿児島
宮崎
那覇

0　　200km

工業生産と工業地域
工業製品のゆくえ

▶▶▶ 答えは別さつ18ページ

1 1つ10点　**2** 1問20点

点数

点

1 次の⑦〜エのうち，あとの文のような特色をもった輸送（ゆそう）の方法は，それぞれどれですか。記号を書きましょう。

⑦ トラック　　　⑦ 鉄道　　　⑨ 飛行機　　　エ 船

（　　）車両を使って，トラック何台分もの荷物を一度に運べる。

（　　）時間はかかるが，非常（ひじょう）に重い貨物（かもつ）も運べる。

（　　）道路さえあれば，少なめの量でも目的地へ直接（ちょくせつ）運べる。

（　　）軽めの貨物であれば，かなり遠くまですばやく運べる。

2 次の問題に答えましょう。

(1) 主な工業地帯が海ぞいに多いのは，重たい原料や製品（せいひん）を，何を使って運ぶことが多いからですか。

（　　　　　　　　　　）

(2) 日本では，自動車がとても速いスピードで走ることができる道路で，各地が結ばれています。このような道路を何といいますか。

（　　　　　　　　　　）

(3) 日本では，飛行機が発着する滑走路（かっそうろ）や，飛行機に人や貨物をのせたり，おろしたりするためのターミナルなどを整えた施設（しせつ）も，各地につくられています。このような施設を何といいますか。

（　　　　　　　　　　）

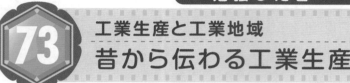

73 工業生産と工業地域

昔から伝わる工業生産

理 解

▶▶▶ 答えは別さつ18ページ ★点数

①～④:1問15点　⑤～⑧:1問10点

点

★ 考えよう ★

右の地図を見て，次の□□にあてはまる言葉を書きましょう。

・新潟県，富山県，石川県，福井県に広がる工

業地域を，　① 　　　　　工業地域といいます。

・この工業地域には，福井県の　②

のわくづくりのように百年以上前から続く工

業や，石川県の漆器づくりのように，雪が多

いために　③　　　　　ができない冬の副業とし

て始まった工業が多いという特色があります。

・また，新潟県を中心に米づくりがさかんなの

で，せんべいなどの菓子やもちなどをつくる，

　④　　　　　　　　工業もさかんです。

地図中の文字：
新潟県　食料品　織物　洋食器など
富山県　薬　和紙　漆器など
石川県
福井県　漆器　織物　金ぱくなど　織物　和紙　めがねのわくなど
0　50km

！ 覚えよう ！

次の□□にあてはまる言葉を書きましょう。

・働く人が300人未満の工場を，　⑤　　　　　といいます。全

国の工場の約98％は，このような工場です。

・このような工場は，すぐれた　⑥　　　　をも

つところもあり，量が　⑦　　　　い注文

や，期限までの時間が　⑧　　　い注文にも対

応できる長所などがあるため，大工場とはち

がった役わりで工業を支えています。

工場の数の割合（2021年）

働く人が300人未満の工場 98.4%

働く人が300人以上の工場 1.6%

［日本国勢図会　2023/24年版］

74 工業生産と工業地域
昔から伝わる工業生産

練習

▶▶▶ 答えは別さつ18ページ

1 (1)16点　(2)1つ16点　(3)16点　2 1問10点

点数　　　　　　　　　　点

1 右の地図に □□□ で示した各県に広がる工業地域について，次の問題に答えましょう。

(1) この工業地域を何といいますか。

（　　　　　　　　　　　）

(2) 次の文の（　）の中から正しいものを一つずつ選んで，それぞれ○で囲みましょう。

この地域は冬になると，雪が多いので

（ 農業　製鉄業 ）ができません。そのため，（ 石川県　福井県 ）

では（ めがね　自動車 ）のわくづくりが始められるなど，冬に行

う副業から始まった工業が数多く見られます。また，富山県では，

300年以上も続いている薬づくりが今もさかんです。

(3) 新潟県で食料品工業がさかんな理由として，正しい方に○をつけましょう。

（　　　）食料品の大消費地である東京都のとなりにある県だから。

（　　　）せんべいやもちなどの原料になる米の生産がさかんだから。

2 次の問題に答えましょう。

(1) 中小工場とは，従業員が何人未満の工場のことですか。

（　　　　　　人未満）

(2) (1)のような工場の数は，日本の工場全体のおよそ何％をしめていますか。正しいもの一つに○をつけましょう。

（　　　）約1%　　　（　　　）約50%　　　（　　　）約98%

75 工業生産と工業地域のまとめ

1 右の地図を見て，次の問題に答えましょう。

(1) ⑦の工業地帯を何といいますか。

（　　　　　　　）

東京都東村山市

埼玉県春日部市

⑦

⑦

(2) ⑦の工業地帯で最もさかんなの
は，何をつくる工業ですか。

（　　　　　　　）

(3) 地図に ＿＿＿ で示した，工業地帯や工業地域が帯のように連なっ
た部分を何といいますか。

（　　　　　　　　）

(4) 埼玉県春日部市に住むしんすけさんの家族は，東京都東村山市に
引っこすことになりました。今住んでいる家にあるものを，新し
い家にまとめて運びたいとき，最もふさわしい輸送の方法は，「ト
ラック」「鉄道」「飛行機」「船」の中では，どれですか。

（　　　　　　　　）

2 次の問題に答えましょう。

(1) 北陸工業地域で，漆器や金ぱくなどの生産が多いのは何県ですか。

（　　　　　　　　）

(2) 北陸工業地域でさかんな工業に多いのは，春・夏・秋・冬のうち，
どの季節の副業として始まったものですか。

（　　　　　　　　）

76

工業生産と工業地域のまとめ

組み合わせパズル

▶▶▶ 答えは別さつ19ページ

質問Q1〜5の答えになる工業地帯・工業地域を ① 〜 ⑤ から選ぼう。質問の後ろにあるひらがなを番号順に入れると、どんな言葉ができるかな？

Q1 京浜工業地帯はどこかな？
（ヒント）「東京」と「横浜」だよ！ …る

Q2 阪神工業地帯はどこかな？
（ヒント）「大阪」と「神戸」だよ！ …よ

Q3 中京工業地帯はどこかな？ …た

Q4 瀬戸内工業地域はどこかな？
（ヒント）瀬戸内海をさがしてみよう！ …べ

Q5 東海工業地域はどこかな？ …と

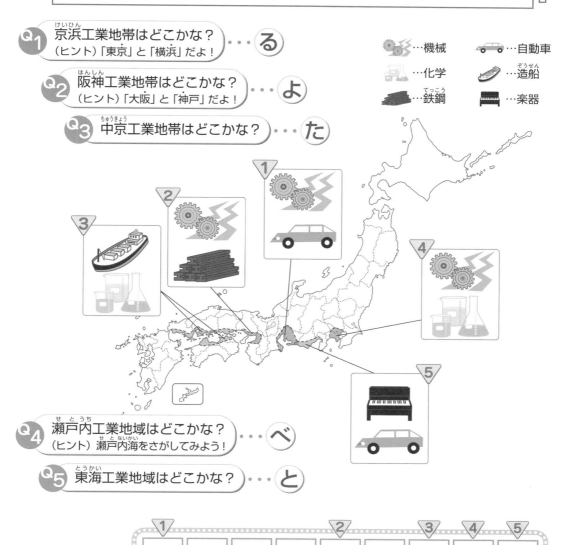

…機械　…自動車
…化学　…造船
…鉄鋼　…楽器

1			2		3	4	5
	い	へ	い		う		

情報化した社会とわたしたちの生活
情報産業とわたしたちのくらし

▶▶▶ 答えは別さつ19ページ　点数

①～②:1問18点　③～⑥:1問16点

点

！覚えよう！

次の □ にあてはまる言葉を書きましょう。

・情報を送る方法をメディアといい，新聞やざっし，放送(テレビやラジオ)のように，同じ情報を多くの人に一度に送る方法を，① ［　　　メディア］といいます。

・大きな災害のときはテレビやインターネットなどが使えなくなることも考えられるので，電池で動く② ［　　　　　］や新聞が役立つことがあります。

★考えよう★

次の □ にあてはまる言葉を書きましょう。

・ニュース番組や新聞記事などで報道するために，③ ［　　　　　］やカメラマンができごとや話題を④ ［　　　　　］して情報を集めます。そして，編集会議にかけて，どのニュースを放送したり，のせたりするかを決め，ニュース番組で読まれる原こうをつくったり，紙面づくりをしたりします。

・ニュース番組の⑤ ［　　　　　］者を編集長といいます。

・わたしたちは，報道などによって，さまざまな情報を知ることができます。しかし，情報が，社会や人々を混乱させてしまうこともあります。また，あやまった報道のため，報道された人がめいわくを受ける，⑥ ［　　　　　］という問題が起きることもあります。

・わたしたちは，手にした情報を冷静に判断して受けとめることが大切です。

▶▶▶ 答えは別さつ19ページ

 点数 点

1 全部できて20点 **2** (1)20点 (2)1問20点 (3)20点

1 情報を送る方法を示した左の言葉と，右の説明を正しく組み合わせて，線で結びましょう。

テレビ ・ ・音声だけで伝えられるので，聞くだけで手軽に情報が得られる。

ラジオ ・ ・かん単に情報を発信したり，必要な情報を検さくしたりできる。

新聞，ざっし ・ ・紙に文字で情報が示されるので，切りぬいて，手軽に保存できる。

インターネット・ ・動画と音声で情報を伝える。デジタル放送に生まれ変わった。

2 次の問題に答えましょう。

(1) 情報を送る方法のことを，何といいますか。

（　　　　　　　　　　　）

(2) ニュース番組や新聞記事で報道する情報を集める役わりの人を何といいますか。また，その人が情報を集める行動を何といいますか。

人（　　　　　　　　）

行動（　　　　　　　　）

(3) わたしたちは，さまざまな方法を使って得た情報を，どのように受けとめることが大切ですか。正しい方に○をつけましょう。

（　　）受け取った情報は正しいから，すべて信用して行動すること。

（　　）信用してよい情報かどうか，自分で冷静に考え判断すること。

79

情報化した社会とわたしたちの生活

情報を活用する産業

理 解

▶▶▶ 答えは別さつ20ページ

点数 ★

①〜⑤：1問20点

点

！覚えよう！

次の ▭ にあてはまる言葉を書きましょう。

・スマートフォンやパソコンがふきゅうし，多くの情報機器をつない で情報をやり取りするしくみである

① 情報 [   ] が整ってきたことで，生活の

さまざまな場面で情報が利用されるようになってきました。また，

人間に代わり知的な活動をコンピューターが行う人工知能

（② [   ]）を使ったロボットなどが開発されています。

★考えよう★

次の ▭ にあてはまる言葉を書きましょう。

医療情報をあつかう会社が集める情報と活用のしくみ

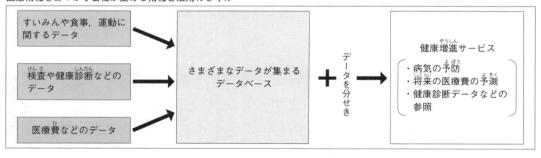

すいみんや食事，運動に関するデータ		健康増進サービス
検査や健康診断などのデータ	さまざまなデータが集まるデータベース	・病気の予防 ・将来の医療費の予測 ・健康診断データなどの参照
医療費などのデータ		

データを分せき ＋

・日本では，65才以上の人のわりあいが増え続けているなどの課題 があります。このような課題を解決できるように，すいみんや検査，

③ [   ] 診断，医療費などのデータを収集，

④ [   ] して，消費者に病気の ⑤ [   ] に役立ててもら

うといったサービスを提供する取り組みが行われています。

情報化した社会とわたしたちの生活
情報を活用する産業

▶▶▶ 答えは別さつ20ページ

1 1問20点 **2** (1)1つ20点 (2)20点

点数 　　　　　　　　　　　　点

1 次の問題に答えましょう。

(1) コンピューターなどの情報通信機器を活用して，インターネットにつなぎ情報の処理や通信を行う技術を何といいますか。

（　　　　　　　　　　）

(2) 人間に代わって知的な活動をコンピューターが行うことや，コンピュータープログラムのことを何といいますか。

（　　　　　　　　　　）

2 次の図を見て，問題に答えましょう。

医療情報をあつかう会社が集める情報と活用のしくみ

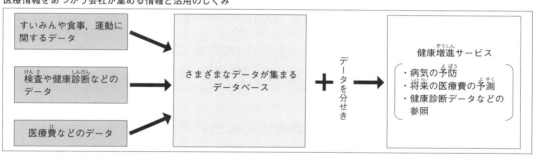

(1) 医療情報をあつかう会社が行っていること二つに○をつけましょう。

（　　）データ収集　（　　）データ分せき　（　　）自動車開発

(2) 健康増進サービスの内容として正しい方に○をつけましょう。

（　　）病気になる前に健康的な行動をうながすサービス。

（　　）将来，確実に起こる災害を伝えるサービス。

情報化した社会とわたしたちの生活

情報を生かすわたしたち

理 解

▶▶▶ 答えは別さつ20ページ ［点数］

①〜③：1問20点 　④〜⑦：1問10点

点

！覚えよう！

次の □ にあてはまる言葉を書きましょう。

・情報（じょうほう）が生活によりいっそう大事な役わりを果たすようになった社会

を，① ［　　　　　　］ 化社会といいます。今では，パソコンや，イン

ターネットにつなぐことができる② ［　　　　　　］ 電話，スマートフォ

ンによって情報のやりとりがスピードアップしています。

・朝早くから夜おそくまでいつでも買い物ができる店として広まった

③ ［　　　　　　　　　　　　　　　　］ は，情報通信技術（ぎじゅつ）を商品の管

理に使うだけでなく，チケットのはん売や銀行のお金を取りあつか

うサービスなどにも使って，ますます便利になっています。

★考えよう★

次の □ にあてはまる言葉を書きましょう。

・名前，住所，生年月日をはじめ，だれがどんな人なのかがわかって

しまう情報を，④ ［　　　　　　　　］ といいます。この情報がもれてし

まうと，⑤ ［　　　　　］ などにまきこまれたり，⑥ ［　　　　　　　　］

が大量にとどくなどのめいわくを受けたりするおそれがあります。

・また，インターネットが ⑤ やいじめなどの道具として悪用され

る例も，そのふきゅうとともに，増（ふ）えています。

・メディアからの大量の情報の中から，必要なものを自分で選んで活

用できる能力（のうりょく）を，⑦ メディア ［　　　　　　　　　　　　］ といいます。

82 情報化した社会とわたしたちの生活
情報を生かすわたしたち

練習

▶▶▶ 答えは別さつ21ページ

点数

点

1 (1)1つ20点 (2)1つ10点 **2** 20点

1 次の問題に答えましょう。

(1) 正しいものを三つ選んで，○をつけましょう。

（　　）名前や住所，電話番号，生年月日など，だれがどんな人か
　　　　がわかる情報は，しんちょうに取りあつかうことが大切だ。

（　　）インターネットなどで情報を流すときは，内容にまちがい
　　　　があっても自分で正しいと思ったら気にしなくてよい。

（　　）メディアから得られるたくさんの情報は，自分に必要なものを
　　　　選び，それが正しいかどうかを判断して活用することが大切だ。

（　　）インターネットや携帯電話で情報を発信するときは，人を
　　　　きずつけることや悪口を書いてはいけない。

（　　）情報を発信するときは，相手の立場よりは，自分の書きた
　　　　いことをまっさきに考えることが大切だ。

(2) 次の文の（　　）の中から正しいものを一つずつ選んで，それぞれ
　　○で囲みましょう。

　　朝早くから夜おそくまでいつでも買い物ができる

　　（ デパート　コンビニエンスストア ）は，

　　（ 情報通信技術　フェイクニュース ）を活用して，商品の管理

　　や，コンサートチケットのはん売などのさまざまなサービスの提

　　供をしています。

2 テレビや新聞，インターネットの情報から，必要なものを選んで活
用する能力や技能のことを，何といいますか。

（　　　　　　　　　　　　　　　　　　　）

情報化した社会とわたしたちの生活のまとめ

▶▶▶ 答えは別さつ21ページ

1 1問16点 2 20点

1 次の文の下線部が正しければ○を，まちがっていれば正しいことば
を書きましょう。

(1) テレビや新聞などのように，多くの人に一度に情報を送ることが
できる方法を，<u>メディア</u>といいます。

（　　　　　　　）

(2) ニュース番組や新聞記事などがあやまっていたせいで，報道され
た人が被害を受けることを<u>報道被害</u>といいます。

（　　　　　　　）

(3) 名前や住所，生年月日のように，だれがどんな人なのかがわかっ
てしまう情報のことを<u>個人情報</u>といいます。

（　　　　　　　）

(4) メディアが伝えるたくさんの情報の中から，必要な情報を選び出
して活用する能力や技能のことを<u>情報ネットワーク</u>といいます。

（　　　　　　　）

(5) コンピューターをつないでつくったインターネットのように，情
報機器を数多くつないで，たがいに情報の処理や通信を行う技術
を，<u>メディアリテラシー</u>といいます。

（　　　　　　　）

2 情報を活用する産業の発展に関する文について，正しい方に○をつ
けましょう。

（　　　）わたしたちのくらしが便利になること。

（　　　）会社どうしのやり取りが不便になること。

84

情報化した社会とわたしたちの生活のまとめ

「めいろ」通りぬけクイズ

▶▶▶ 答えは別さつ21ページ

☆ ☆ ☆ ☆ ☆ ☆ ☆ ☆ ☆ ☆ ☆ ☆ ☆ ☆

下の「めいろ」をスタートから，4か所の
チェックポイント ■●▲★ にある質問に正
しく答え，ゴールにたどりつこう。

スタート ■

●

▲

★

ゴール

🔒 ■のカギ

電車の中で新聞を読んでいる人がいます。
新聞やテレビのように，同じ情報を一度
に多くの人に送る方法を何といいますか。

メディア   →上へ
マスメディア   →下へ

🔒 ●のカギ

コンビニエンスストアにある機械でス
ポーツのチケットを買いました。これは
何の技術を使っていますか。

ラジオ   →上へ
情報通信技術〔ICT〕 →下へ

🔒 ▲のカギ

町を歩いているとき，アンケートへの回
答としょ名，連らく先の記入を求められ
ました。どう対応すればよいでしょうか。

すぐに答える   →上へ
よく考える   →右へ

🔒 ★のカギ

インターネットで調べた情報をまとめる
ときの正しい取り組み方はどちらでしょ
うか。

そのまま書き写す   →右へ
ほかの情報も調べてみる →左へ

85 わたしたちの生活と環境
自然災害を防ぐ

▶▶▶　答えは別さつ22ページ　点数

①〜⑦:1問12点　⑧:16点

点

！覚えよう！

次の　　　　にあてはまる言葉を書きましょう。

・雨や雪は，わたしたちのくらしに欠かせない水をもたらしてくれるいっぽう，一度に大量にふると，災害（さいがい）の原因（げんいん）にもなります。大雨などが原因で，水混じりの土砂（どしゃ）や石が大量に，いっきに川を流れ下りてくることを，①　　　　　　　　といいます。

・日本は地震（じしん）が多い国です。また，地震によって海水がすさまじい勢（いきお）いで押（お）し寄（よ）せる②　　　　　　，火山の③　　　　　，強い風や雨をもたらす④　　　　　による災害も多い国です。

・こうした災害から人々を守るため，⑤　　　　　　　　という役所が，気象（きしょう）や地震，火山などの状（じょう）きょうを観測（かんそく）し，発表しています。

・国や都道府県，市町村では，災害を防（ふせ）ぐために工事を行い，災害が起きたときのために訓練を行っています。例えば，①　　　による災害を防ぐために，土砂の流れをせき止める右の絵のような⑥　　　　　　　をつくっています。

・災害での被害（ひがい）をできる限（かぎ）り減らすことを，⑦　　　　　　といいます。

★考えよう★

次の　　　　にあてはまる言葉を書きましょう。

・災害を防ぐためには，市町村などにたよるだけでなく，⑧　　　　　　　　もみずから，訓練に参加したり，災害が起きたときのひなんについて日ごろから考えたりして，意識（いしき）を高めることが大切です。

わたしたちの生活と環境
自然災害を防ぐ

▶▶▶ 答えは別さつ22ページ

点数　　　　　　　　　点

1 1問10点　**2** (1)1つ20点　(2)20点

1 次の文の下線部が正しければ◯を，まちがっていれば正しい言葉を
書きましょう。

(1) 山にふった大雨などが原因で，大量の水をふくんだ土砂や石が川
をいっきに流れ下りてくることを土石流といいます。

（　　　　　　　　　）

(2) 海底で起きた地震などが原因で，海の水がかたまりのように，いっ
きに押し寄せることを台風といいます。

（　　　　　　　　　）

2 次の問題に答えましょう。

(1) 次の文の（　　）の中から正しいものを一つずつ選んで，それぞれ
◯で囲みましょう。

日本は，地震や火山の（ 噴火　津波 ）など，自然災害の多い
国です。自然災害での被害を減らすことを（ 減災　防災 ）とい
います。そのために国は，地震や火山などの状きょうを観測する
（ 気象庁　市町村 ）という役所を設置しています。

(2) 災害を防ぐために住民が心がけるべきこととして，正しい方に◯
をつけましょう。

（　　）災害を防ぐための取り組みは，市町村や都道府県，国にす
べて任せておく。

（　　）市町村が災害に備えて行う訓練に積極的に参加したり，災
害にあったときのひなん場所を確かめておいたりする。

87 わたしたちの生活と環境

わたしたちの生活と森林

理解

▶▶▶　答えは別さつ22ページ

点数

①〜⑩：1問10点

点

!覚えよう!

次の □ にあてはまる言葉を書きましょう。

・青森県と秋田県にまたがる① ［　　　　　　］山地 には，ぶなの貴重な原生林があります。1993〔平成5〕年には，世界的に大切にされるべき場所として，② ［　　　　　　］ に登録されました。

・原生林のように自然にできた森林を③ ［　　　　　　］林，人の手で植えられた森林を④ ［　　　　　　］林 といいます。また，国がもち主の森林を⑤ ［　　　　　　］林，国以外がもち主の森林を民有林といいます。

・森林は，さまざまな動物のすみかになるだけでなく，⑥ ［　　　　　　］ をふくんだ水をゆっくり流し出すことで，川や海を豊かにしています。

・森林を守るためには，自然のままにしておくのではなく，人間が手入れをすることも大切です。りっぱな木が育つように，一部の木を切り森林の木の間を広げる作業を，⑦ ［　　　　　　］ といいます。

・森林を育て，その木を木材にして売るなどの仕事を，⑧ ［　　　　　　］ といいます。日本では昔から，木材がさまざまな場面で使われてきました。しかし，国産材の値段が外国産より⑨ ［　　　　　　］ ことや，この仕事をする人の数が⑩ ［　　　　　　］ きていることで，国内の森林は十分に手入れされていません。

・森林は，山菜やきのこを採ったり，動物のかりをしたりする場所でもあり，人間の生活と深くかかわっています。

88 わたしたちの生活と環境
わたしたちの生活と森林

練習

▶▶▶ 答えは別さつ22ページ

1 1つ10点　**2** 説明10点・絵10点

点数

点

1 右の地図の⑦〜⊆のうち，ぶなの原生林が広がり，世界遺産(いさん)に登録されている山地がある場所を選びましょう。また，この山地の名前を何といいますか。

場所（　　　）名前（　　　　　　　）

2 林業で行う作業例の⑦〜⊆の説明を，①〜④から選びましょう。また，その様子を表した絵を，⑧〜⑧から選びましょう。

⑦　植林	⑦　下草がり	⑦　えだ打ち	⊆　間ばつ

〈説明〉

①これから育つ木が成長するのにじゃまになる雑草(ざっそう)を，かり取ります。

②人工的に森林をつくりたい場所に，育てたなえ木を植えます。

③太陽の光がとどくように，林の木をところどころ切って，木と木の間を広げます。

④節のない，高く売れる木材になるように，余計(よけい)なえだを切り落とします。

⑧　　　　　　⑧　　　　　　⑧　　　　　　⑧

⑦　説明（　　　）絵（　　　）　⑦　説明（　　　）絵（　　　）

⑦　説明（　　　）絵（　　　）　⊆　説明（　　　）絵（　　　）

89　わたしたちの生活と環境

環境を守るわたしたち

理解

▶▶▶　答えは別さつ23ページ　点数

①:10点　②〜⑦:1問15点

点

!覚えよう!

次の□□□にあてはまる言葉を書きましょう。

・1950年代後半から1970年代半ばにかけて，日本では，生産と消費(ひ)がさかんになり続け，人々の生活が豊(ゆた)かで便利になっていきました。これを，①□□□□□□□□□といいます。

・一方で，この時代には，工場からの有害な排水(はいすい)や排気などが原因(げんいん)となって，人々の生活や健康に被害(ひがい)が出ました。これを②□□□□□といい，日本各地で大きな問題になりました。

・なかでも，熊本県(くまもと)と鹿児島県(かごしま)で，海に流された有機水銀〔メチル水銀〕という物質(ぶっしつ)が原因で起きた③□□□□□□□をはじめ，富山県(とやま)の④□□□□□□□，⑤□□□□□□県の四日市(よっかいち)ぜんそく，新潟県(にいがた)の新潟水俣病(みなまた)が，特にしんこくでした。

・しんこくな問題になったことを受けて，国で川などの水をよごさないように⑥□□□□□（国が国民に守るように示(しめ)した決まり）がつくられました。

・これらの病気が起きた地域(ちいき)では，現在(げんざい)，環境(かんきょう)を守る活動がさかんに行われています。そして，その活動を支(ささ)えるために⑦□□□□□（都道府県や市町村が定めた決まり）をつくる取り組みも見られます。

90 わたしたちの生活と環境
環境を守るわたしたち

▶▶▶ 答えは別さつ23ページ

1 1問16点　**2** 20点

点数　　　　　　　　　点

1 次の問題に答えましょう。

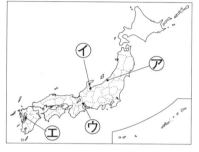

(1) ㋐の地域で, 工場が川にすてた有機水銀が原因で起きた, 手足がしびれたり, 目や耳が不自由になったりする病気は何ですか。

（　　　　　　　　　　病）

(2) ㋑の地域で, 鉱山から川に流れ出たカドミウムが原因で起きた, 骨がもろくなり, いたさに苦しむ病気は何ですか。

（　　　　　　　　　　病）

(3) ㋒の地域で, 工場からのけむりが原因で起きた, 息が苦しくなったり, のどがいたくなったりする病気は何ですか。

（　　　　　　　　　　）

(4) ㋓の地域で, 工場が海にすてた有機水銀が原因で起きた, 手足がしびれたり, 目や耳が不自由になったりする病気は何ですか。

（　　　　　　　　　　病）

(5) (1)～(4)は, 日本が豊かになった時期の経済活動によるものです。1960年代を中心としたこの時期を何といいますか。

（　　　　　　　　　　期）

2 国の法律とは別に, 都道府県や市町村が定めた独自の決まりを何といいますか。

（　　　　　　　　　　）

 **91** わたしたちの生活と環境のまとめ

▶▶▶ 答えは別さつ23ページ

1 1問20点　**2** (1)(2)1問15点　(3)1つ15点

1 次の問題に答えましょう。

(1) 土砂の流れをせき止めて，土石流などの災害を防ぐためにつくられる施設を何といいますか。

（　　　　　　　　　　）

(2) 災害での被害をできるだけ減らそうとする取り組みを何といいますか。

（　　　　　　　　　　）

2 森林を育てて，その木を木材として売るなどする仕事について，次の問題に答えましょう。

(1) この仕事を何といいますか。

（　　　　　　　　　　）

(2) 木材にはふつう，人が植えてできた森林の木が使われます。このような森林を何といいますか。

（　　　　　　　　　　）

(3) 次の文の（　　）の中から正しいものを一つずつ選んで，それぞれ○で囲みましょう。

国産木材は，外国産の木材より値段が（ 高め　安め ）です。

しかし，最近ではその差がちぢまってきています。また，日本では，1980年ごろに比べて，現在この仕事についている人の数が（ 増えて　減って ）います。

92 ☆

わたしたちの生活と環境のまとめ

ことばあてクイズ

▶▶▶ 答えは別さつ23ページ

☆ ☆ ☆ ☆ ☆ ☆ ☆ ☆ ☆ ☆ ☆ ☆ ☆ ☆

先生が黒板に「あなあきのことば」を書いた。4つのカギを参考にして，先生が書いたことばが何なのか，あてよう。

1〜4のカギに答えて，指定された文字を入れていこう。

1のカギ

夏から秋にかけて日本にやってきて，強い雨や風をもたらすものを何という？
ひらがな4文字で，一番最後にくる文字を「1」の上に入れるよ。

— — — □

2のカギ

山にふった大雨が原因(げんいん)で，水をふくんだ土砂(どしゃ)や石が川を流れ下りてくる災害(さいがい)を何という？
ひらがな6文字で，3番目にくる文字を「2」の上に入れるよ。

— — — □ — う

3のカギ

日本で特に多い，地面がはげしくゆれ，津波(つなみ)の原因ともなる災害を何という？
ひらがな3文字で，2番目にくる文字を「3」の上に入れるよ。

— □ —

4のカギ

水俣病(みなまた)など工場からのはいき物で健康などに被害(ひがい)が出ることを何という？
ひらがな4文字で，2番目にくる文字を「4」の上に入れるよ。

こ □ が い

小学社会 社会問題の正しい解き方ドリル 5年・別さつ

答えとおうちのかた手引き

 1 世界の中の国土
緯度と経度 **理解**

▶▶▶ 本さつ4ページ

 覚えよう ①緯度　②緯線　③ロンドン　④経度
⑤経線

★ **考えよう** ★ ⑥90(°)　⑦90(°)　⑧東(経)
⑨西(経)

ポイント

同じ緯度の地点を結んだ線は緯線で，同じ経度の地点を結んだ線が経線です。0°の緯線を赤道といいます。また，0°の経線はイギリスのロンドンを通ります。0°の経線の西側は西経180°まで，東側は東経180°までで表されます。

 2 世界の中の国土
緯度と経度 **練習**

▶▶▶ 本さつ5ページ

 1 (1)①緯度　②経度 (順不同)
(2)赤道　(3)0(°)

2 (1)⑦…南(緯)30(度線)

①…西(経)120(度線)

(2)(　) すべての緯線は，北極(点)と南極(点)を結ぶ。

(○) すべての経線は，北極(点)と南極(点)を結ぶ。

ポイント

2 問題の地図では，緯線，経線ともに，15度ごとに引かれています。
(1)⑦…赤道よりも南の地域は，南緯で表します。①…西半球にあるので，西経で表します。

 3 世界の中の国土
いろいろな国，大陸と海洋 **理解**

▶▶▶ 本さつ6ページ

 覚えよう ①北半球　②東半球　③国旗
★ **考えよう** ★ ④アフリカ　⑤南アメリカ
⑥大西洋　⑦北　⑧太平洋　⑨ユーラシア　⑩東

ポイント

日本は赤道より北にあるので，北半球にふくまれます。また，東経で表される位置にあるので，東半球にふくまれます。さらに，日本は太平洋の西のはし，ユーラシア大陸の東のはしにあるともいえます。注目する場所によって表現が変わることに注意しましょう。

 4 世界の中の国土
いろいろな国，大陸と海洋 **練習**

▶▶▶ 本さつ7ページ

 1 (1)(○) 南半球　(　) 東半球

(2)⑦…大西洋　①…インド洋　⑦…太平洋

(3)①…ユーラシア大陸

③…オーストラリア大陸　え…北アメリカ大陸

2 (順に) 北半球，西，東

ポイント

1 (2)(3)世界には，ユーラシア大陸，アフリカ大陸，北アメリカ大陸，南アメリカ大陸，オーストラリア大陸，南極大陸の六つの大陸と，太平洋，大西洋，インド洋の三つの大きな海洋〔大洋〕があります。これを，「六大陸と三大洋」ということもあります。

5 世界の中の国土 ----------- 理解
日本の国土

▶▶▶ 本さつ8ページ

覚えよう ①本州 ②日本海 ③北
④北方領土 ⑤ロシア（連邦） ⑥南 ⑦東
⑧西 ⑨大韓民国〔韓国〕
⑩中華人民共和国〔中国〕
（「ロシア（連邦）」でもよい。）

ポイント

日本を囲む太平洋，オホーツク海，日本海，東
シナ海の名前を覚えておきましょう。また，北
のはしの択捉島，南のはしの沖ノ鳥島，東のは
しの南鳥島，西のはしの与那国島は日本の排他
的経済水域を決めるポイントなのでおさえま
しょう。沖ノ鳥島と南鳥島は名前がにているの
で，まちがえないようにしましょう。

6 世界の中の国土 ----------- 練習
日本の国土

▶▶▶ 本さつ9ページ

1 沖ノ鳥島 ＼ ／ 日本の東のはしの島
南鳥島 ＼／ 日本の西のはしの島
択捉島 ／＼ 日本の南のはしの島
与那国島 ／ ＼ 日本の北のはしの島

2 （1）⑦…中華人民共和国 ⑦…大韓民国
（2）⑦…東シナ海 ⑦…太平洋 （3）⑦…九州
⑦…四国

ポイント

2 日本のまわりにある国々は，国名と位置を覚
えておきましょう。
（1）ふつう，⑦の中華人民共和国は中国，⑦の
大韓民国は韓国とよばれます。
（3）日本は，北海道，本州，四国，九州の四つ
の大きな島と，その他の小さな島々から成り立っ
ています。

7 世界の中の国土のまとめ
▶▶▶ 本さつ10ページ

1 （1）経度 （2）南極大陸 （3）インド洋
（4）本州

2 （1）ユーラシア大陸 （2）オホーツク海
（3）（順に）エ，20°〜30°，ウ，150°〜160°

ポイント

1 南緯90°の地点は南極で，南極大陸にありま
す。北緯90°の地点は北極です。北極は氷と海
水におおわれており，陸地はありません。
2 （3）沖ノ鳥島は日本の南のはしにある島で，
北緯20°と30°の緯線の間にあるエです。南鳥島
は日本の東のはしにある島で，東経150°と160°
の経線の間にあるウです。

8 世界の中の国土のまとめ
▶▶▶ 本さつ11ページ

9 国土の地形の特色と人々のくらし **理解**

日本の地形

▶▶▶ 本さつ12ページ

覚えよう ①3 ②高原 ③山脈 ④平野
⑤盆地 ⑥台地
★ **考えよう** ★ ⑦短い ⑧急

ポイント

日本でいちばん高い山は富士山です。いちばん長い川は信濃川、いちばん広い湖は琵琶湖です。また、いちばん広い平野は関東平野です。
★ **考えよう** ★ 例えば、利根川とドナウ川を比べると、高さはほぼ同じですが、長さはドナウ川の方がはるかに長いです。したがって、ドナウ川よりも利根川の方が急なことがわかります。

 10 国土の地形の特色と人々のくらし **練習**

日本の地形

▶▶▶ 本さつ13ページ

1 (1)奥羽（山脈）　(2)関東（平野）
(3)信濃川　(4)琵琶湖
2 （順に）短く、急、せまく、近く

ポイント

1 (1)～(4)は必ず覚えましょう。その上で、12ページの図にある川、平野、山地、山脈の名前をおさえましょう。

 11 国土の地形の特色と人々のくらし **理解**

低い土地の人々のくらし

▶▶▶ 本さつ14ページ

覚えよう ①水害〔こう水〕
②堤防〔囲い土手〕　③排水機場〔ポンプ場〕
④治水
★ **考えよう** ★ ⑤水　⑥米〔稲〕

ポイント

土地の低い地域では、昔からたびたび川の水があふれ、土地が水びたしになる水害が起こりました。いっぽう、水が豊富なため農業が発達しました。そこに住む人々は、さまざまな努力やくふうを重ねて自然と共にくらしてきました。

 12 国土の地形の特色と人々のくらし **練習**

低い土地の人々のくらし

▶▶▶ 本さつ15ページ

1 (1)（ ）水屋
　　（⑦）堤防
　　（⑦）排水機場
(2)（⑦）余計な水を機械で外にくみ出す。
　　（⑦）川の水が流れ出ないように、川岸をもり上げている。
　　（ ）水びたしにならないように、食料などを保管する。
(3)水害〔こう水〕
2 （順に）川、治水、水、米

ポイント

1 (1)水屋とは、水害が起きたときに水びたしになると困る食料やきちょう品などを保管しておく建物のことです。地域によっては水倉ともいいます。
2 土地が低い地域では、立地や気候を利用してさまざまな農作物がつくられています。本問では、低地という立地と水が豊富であるということから、米を選びます。

 13 国土の地形の特色と人々のくらし **理解**

高い土地の人々のくらし

▶▶▶ 本さつ16ページ

覚えよう ①低い ②高原 ③キャベツ
④開たく ⑤改良 ⑥観光 ⑦スキー
★ **考えよう** ★ ⑧減る〔少なくなる〕 ⑨水

ポイント

高原では、夏のすずしい気候を利用した野菜づくりがさかんに行われています。ほかの地域からの出荷が少なくなる時期に出荷することになるので、高い値段で売ることができます。

14 国土の地形の特色と人々のくらし 〔練習〕
高い土地の人々のくらし
▶▶▶ 本さつ17ページ

1 (1)キャベツ　レタス

(2)(　) 高原では，夏のあたたかさを利用して
野菜をつくる。

(○) 高原では，夏のすずしさを利用して野
菜をつくる。

(3)減る野菜

2 (1)開たく　(2)観光

ポイント

1 (1)夏のすずしい気候を利用してつくられる
野菜を二つ選びます。
(3)低い土地での収穫量が少ない時期だからこ
そ，この時期に野菜を出荷すれば，高い値段で
買ってもらうことができるのです。
2 (1)農業をするのに必要な土地をきり開くこ
とを開たくといいます。

15 国土の地形の特色と人々の くらしのまとめ
▶▶▶ 本さつ18ページ

1 (1)⑦…濃尾平野　⑦…利根川

(2)(順に) 短く，急，急　(3)盆地

2 (1)水害〔こう水〕　(2)治水

ポイント

1 (1)⑦の濃尾平野は，愛知県，岐阜県にまた
がる平野です。⑦の利根川は，関東平野を流れ，
茨城県と千葉県を分ける川です。日本で2番目
に長い川でもあります。
(3)⑦は，果物の栽培がさかんな山形盆地です。

16 国土の地形の特色と人々の くらしのまとめ
▶▶▶ 本さつ19ページ

17 国土の気候の特色と人々のくらし 〔理解〕
日本の気候
▶▶▶ 本さつ20ページ

覚えよう ①季節　②春　③夏　④秋　⑤冬

⑥つゆ〔梅雨〕　⑦台風

★ 考えよう ★ ⑧おそく　⑨早く

ポイント

日本の気候は，季節の変化がはっきりわかるの
が特色です。桜がさく春，暑い夏，かえでやも
みじが紅葉する秋，雪もふる寒い冬，と四つの
季節がはっきり分かれます。世界には，1年じゅ
う暑い地域や1年じゅう寒い地域，雨がほとん
どふらない地域などもあります。

18 日本の気候

▶▶▶ 本さつ21ページ

1　春 ──── あたたかくなり，桜がさく。

　　夏 ╲　╱ すずしくなり，かえでなどが紅葉する。

　　秋 ╱　╲ 暑くて，昼の時間が長い。

　　冬 ──── 寒くて，昼の時間が短い。

2　(1)(イ) 3月　(ア) 4月

　　　　( ) 5月　( ) 7月

(2)先　(3)(順に) つゆ，台風，飲料水

ポイント

2 (2)桜は，あたたかい地域から順にさきます。日本ではふつう，南の地域の方が北の地域よりもあたたかいので，⑦の地域よりも⑤の地域の方が早く桜がさくと考えられます。
(3)日本の夏・秋に特有の気候と，それがもたらすめぐみを考えます。

19 地域でちがう気候

▶▶▶ 本さつ22ページ

★考えよう★ ①太平洋　②夏　③日本海　④冬

⑤季節風　⑥瀬戸内　⑦少ない

覚えよう ⑧冬　⑨夏　⑩中央高地

ポイント

季節風は，山地をこえるとかわいた風をもたらします。そのため，冬の太平洋側や夏の日本海側はあまり雨がふりません。瀬戸内地方は，中国山地と四国山地にはさまれているため，いずれの季節もかわいた風がふいて，1年じゅう雨が少ない気候になります。同じように，中央高地も周りを高い山に囲まれているため，しめった風がとどかず，1年じゅう雨が少ない気候になります。

20 地域でちがう気候

▶▶▶ 本さつ23ページ

1　(1)オ　(2)ウ　(3)イ　(4)エ　(5)カ

(6)ア

2　季節風

ポイント

1 まず，ア「夏が長くて雨が多く，冬もあたたかい。」という特色から，南西諸島と考えます。次に，オ「冬が長く，寒さがきびしい。」という特色から，北海道と考えます。ウ「夏の降水量が多い。」のは太平洋側，エ「冬の降水量が多い。」のは日本海側の気候の特色です。また，カ「1年を通して降水量が少なめである。」は，グラフから気温が0度を下まわることがないことも読み取って瀬戸内の気候の特色と考えましょう。イ「夏と冬の気温の差が大きい。」は，グラフから降水量が少ないことも読み取って中央高地の気候の特色と考えましょう。
2 季節風は，夏には太平洋側からふき，太平洋側の地域に雨を多くふらせます。冬には日本海側からふき，日本海側の地域に雨や雪を多くふらせます。

21 あたたかい土地の人々のくらし

▶▶▶ 本さつ24ページ

覚えよう ①高い　②さとうきび　③促成(栽培)

④抑制(栽培)　⑤観光

★考えよう★ ⑥石垣　⑦台風　⑧気温〔温度〕

⑨風

ポイント

沖縄県では，1971年〜2000年の30年間で，1年間に平均7つの台風が上陸・接近しています。同じ時期に北海道に上陸・接近した台風は平均2つですから，沖縄県ではいかに台風がよく上陸・接近するかがわかります。最近では，絵にあるような伝統的な家ばかりではなく，コンクリートでつくられた，屋根に水のタンクを備えた家もよく見られます。

22 国土の気候の特色と人々のくらし 練習
あたたかい土地の人々のくらし
▶▶▶ 本さつ25ページ

1 (1)さとうきび

(2)(○) 沖縄県では，作物の成長を早めてつくる促成栽培によって，しゅんの時期とずらして出荷している。

（ ） 沖縄県では，作物を大量に栽培することによって，より高い値段で出荷している。

（○） 沖縄県では，作物の成長をおさえながらつくる抑制栽培によって，しゅんの時期とずらして出荷している。

（ ） 沖縄県では，作物を少ししか栽培しないことによって，より高い値段で出荷している。

2 （順に）石垣，台風，風通しがよいように，コンクリート

 ポイント

1 (1)名前の通り，砂糖の原料となります。

(2)促成栽培によって作物の成長を早めたり，抑制栽培によって作物の成長をおさえたりすることによって，しゅんの時期とずらして出荷すると，より高い値段で作物を出荷することができます。例えば，きくは光に当たる時間で花がさく時期がきまります。ビニールハウスの中で電灯を当て，花のさく時期を調整できるので，ほかの地域で出荷の少ない時期にあわせて花をさかせ，出荷することができるのです。

23 国土の気候の特色と人々のくらし 理解
寒い土地の人々のくらし
▶▶▶ 本さつ26ページ

覚えよう ①広く ②すずしい ③小麦

④じゃがいも ⑤てんさい ⑥輪作

★ 考えよう ★ ⑦二(重) ⑧灯油〔石油〕

⑨中央〔中心，内〕 ⑩雪

ポイント

最近は，中央が低くなった無落雪の屋根の家が多くなりましたが，昔は屋根のかたむきが急になっている家が多く見られ，それぞれの時代で雪に対応した家のつくりになっています。

24 国土の気候の特色と人々のくらし 練習
寒い土地の人々のくらし
▶▶▶ 本さつ27ページ

1 (1)(順に) 広い，夏もすずしい，大

(2)(○) じゃがいも （ ） さとうきび

（○） 小麦 （ ） さつまいも

（○） てんさい （ ） キャベツ

(3)病気

2 （順に）雪，寒さ，灯油

 ポイント

1 (2)さとうきびとさつまいもは，主にあたたかい地域でつくられる作物です。また，キャベツはすずしい気候を好むため，大消費地に近く夏にすずしい高原でつくられることが多い作物です。

(3)輪作とは，数種類の農作物を一つの畑で順番に育てることです。ですから，毎年同じ時期に同じ畑を見ても，ちがう農作物をつくっていることになります。

2 屋根が中央に向かってかたむき，雪が下に落ちないようになっています。また，雪が多くふる地域では寒さから身を守るため，灯油などの燃料が欠かせません。

25 国土の気候の特色と人々のくらしのまとめ
▶▶▶ 本さつ28ページ

1 (1)(○) 北の地域や高い土地の方が早く紅葉が始まる。

（ ） 南の地域や低い土地の方が早く紅葉が始まる。

（ ） 全国でいっせいに紅葉が始まる。

(2)冬 (3)季節風 (4)雪

2 (1)さとうきび (2)促成栽培

ポイント

1 (1)かえでやもみじは，寒い地域から順に紅葉します。これは桜がさく順とは逆になります。

(4)絵のように，屋根が中央に向かってかたむいていることで，屋根の雪が下に落ちないようになっており，屋根の下を通る人にきけんがないようにしています。

26 国土の気候の特色と人々のくらしのまとめ

▶▶▶ 本さつ29ページ

27 農業と人々のくらし
米づくりがさかんな地域

理解

▶▶▶ 本さつ30ページ

覚えよう ①庄内 ②東北 ③土 ④雪 ⑤水

⑥季節風

★ 考えよう ★ ⑦長く〔多く〕

ポイント

年によりちがいはありますが，都道府県別の米の生産量は，新潟県，北海道，秋田県などが多くなっています。米づくりの時期は地域の気候によってちがいがあります。春から秋にかけての日照時間が長いこと，夏の昼と夜の気温差があることなどが米づくりに合った気候の特色です。

28 農業と人々のくらし
米づくりがさかんな地域

練習

▶▶▶ 本さつ31ページ

1 (1)① （順に）上流，土

② （順に）北西，雪，南東 （2）季節風

2 (1)酒田 （2）長い （3）大きく

ポイント

1 (1)①米づくりには，質のよい土と豊富できれいな水が欠かせません。雪解け水は低温であるため，稲にとってよくないばいきんがほとんどふくまれていないので，米づくりには最適です。
(2)山をこえてくるこのかわいた季節風が，稲をかわかし，稲が病気にかかるのを防いでくれるのです。
2 (3)米づくりのさかんな酒田市の方が8月の最高気温が高く，1日の気温差が大きくなっています。これも米づくりに合う条件です。

29 農業と人々のくらし
米づくりの一年

理解

▶▶▶ 本さつ32ページ

覚えよう ①たい肥 ②有機肥料 ③田おこし
④代かき ⑤農薬 ⑥だっこく

ポイント

現代の米づくりには，機械が欠かせません。田おこしをするときのトラクター，稲かりのときのコンバインなど，さまざまな機械を使って，効率よく米づくりを進めています。また，人体へのえいきょうを考えて，農薬を使う回数はできるだけ少なくしています。肥料もたい肥などの有機肥料を使うように，くふうしています。

1 代かき ── もみの外側にあるもみがらを外して, 米を取り出す。

田おこし ── 稲穂から, 米が入ったもみを取り外す。

だっこく ── 水を入れる前の田を耕す。

もみすり ── 水を入れたあとの田を耕す。

2 (1) ⑦→⊘→⑦→⑦→⊕　(2)種もみ

(3)たい肥

ポイント

2 (1)⑦は田植え, ⊘は代かき, ⑦は田おこし, ⊕はもみすり, ⑦は稲かり・だっこくの様子です。
(2)よい種もみを用意することが, おいしくて安全な米づくりには必要です。

---

 31 農業と人々のくらし
米づくりを支える人々 理 解
▶▶▶ 本さつ34ページ

覚えよう ①専業(農家)　②兼業(農家)

③カントリーエレベーター　④共同(作業)

⑤農業協同組合〔農協〕　⑥JA

★**考えよう**★⑦あきたこまち　⑧品種改良

ポイント

兼業農家は, 農業を主とする第一種兼業農家と, そうでない第二種兼業農家に, さらに分けられます。最近では, 農業収入だけで生活をすることはむずかしいとして, 農業はしているものの, 自分の家で食べる分しかつくらない自給的農家も見られるようになりました。

---

1 (1)専業農家 ── 農業だけで生活をしている農家。

兼業農家 ── 農業以外の収入もある農家。

(2)カントリーエレベーター

(3)( ) 農家はたがいに協力せず, 自分の家だけの力で農業をする。

　(○) 農家は, 共同作業でたがいに協力をしながら農業をする。

(4)(順に) 水路, 農薬, 保存, 共同で

2 農林22号 (と) 農林1号 (順不同)

ポイント

1 (2)地域の農家が共同で利用・管理しています。カントリーエレベーターの中には, それぞれの農家で収穫された米をまとめ, いっしょに保管しています。
(3)農業に必要な高額な機械なども, 共同で使うなどして, 効率よく米づくりを進めています。
2 例えば, 「はえぬき」は「庄内29号」と「あきたこまち」をかけあわせてできた品種です。「コシヒカリ」は2つありますが, 上の「コシヒカリ」からは読み取ることができません。下の「コシヒカリ」を見ると, 「農林22号」と「農林1号」をかけあわせてつくられたことがわかります。

---

 33 農業と人々のくらし
米のゆくえ, 米づくりへの提案 理 解
▶▶▶ 本さつ36ページ

覚えよう ①トラック　②フェリー　③農家

★**考えよう**★④減って〔減少して〕　⑤生産調整

⑥転作　⑦わかい〔低い〕　⑧増やす

ポイント

最近では, 食生活の変化から米の消費量が減ってきています。それにともなって生産量も減らす生産調整を行ってきました。もともと米をつくっていた土地で, 小麦や大豆など米以外のものをつくるようにする「転作」を進めているのも, この政策によるものです。

34 農業と人々のくらし
米のゆくえ，米づくりへの提案 練習

▶▶▶ 本さつ37ページ

1 (1)①，⑦（順不同）

(2)トラック，鉄道〔列車〕，フェリー（順不同）

(3)（○）生産・輸送・はん売にかかる費用が値
段にふくまれている。

（　）生産にかかる費用だけ値段にふくまれ
ている。

2 (1)（○）水田を減らし，転作を進める政策。

（　）新たな水田をつくり，米の生産を
増やす政策。

(2)生産調整

ポイント

1 (1)山形県から米がとどけられる地方として
最も多い地方は，2万t～の①の東北地方，二番
目に多い地方は1万t～2万tの⑦の関東地方で
あることが読み取れます。
(3)農家の人が生産にかけた費用のほか，わた
したちのもとにとどくまでにかかったすべての
費用が，農産物の値段にふくまれています。

 35 農業と人々のくらし
野菜づくりと果物づくり 理解

▶▶▶ 本さつ38ページ

覚えよう ①ビニールハウス　②石油　③よい

④肉牛

★**考えよう**★⑤関東　⑥千葉　⑦大消費地

ポイント

もともとあたたかい気候である宮崎県では，ふ
つうは夏から秋にかけて出荷される野菜を，ビ
ニールハウスなどの施設を利用して，冬にも出
荷できるように育てています。冬に出荷された
野菜は，高い値段で取り引きされます。

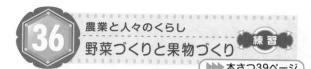 **36** 農業と人々のくらし
野菜づくりと果物づくり 練習

▶▶▶ 本さつ39ページ

1 （×）野菜の生産額が大きい地域は北に集中
している。

（×）野菜の生産額が大きい地域は南に集中
している。

（○）北陸地方は野菜の生産額は比較的小さ
くなっている。

（○）関東平野では近くの大都市に出荷する
農業がさかんである。

（×）関東平野では冬でもあまり寒くならな
い気候を生かした農業がさかんである。

（○）九州では冬でもあまり寒くならない気
候を生かした農業がさかんである。

（×）中部地方には野菜の生産額が大きい地
域は見られない。

（○）近畿地方は野菜の生産額は比較的小さ
くなっている。

2 （順に）減る，肉牛

ポイント

1 地図から，北海道，群馬県，茨城県，千葉県，
愛知県，熊本県の生産額が多く，各地に散らばっ
ていることがわかります。また，北陸地方や近
畿地方，中国地方には野菜の生産額が少ない府
県が多いことがわかります。

 37 農業と人々のくらしのまとめ

▶▶▶ 本さつ40ページ

1 (1)（左から順に）3，2，1，5，4

(2)⑦…田植え　⑦…稲かり〔だっこく〕

2 (1)カントリーエレベーター

(2)生産調整　(3)農業協同組合〔農協／JA〕

ポイント

1 (1)田おこし→代かき→田植え→稲かり・
だっこく→もみすりの順をおさらいしましょう。

38 農業と人々のくらしのまとめ

▶▶▶ 本さつ41ページ

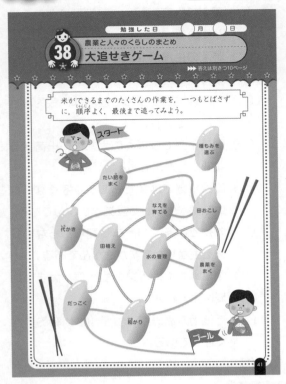

38 農業と人々のくらしのまとめ
大追せきゲーム

勉強した日　　月　　日

▶▶▶ 答えは別さつ10ページ

米ができるまでのたくさんの作業を、一つもとばさずに、順序よく、最後まで追ってみよう。

スタート

種もみを選ぶ

たい肥をまく

なえを育てる

田おこし

代かき

田植え

水の管理

農薬をまく

だっこく

稲かり

ゴール

41

---

39 水産業と人々のくらし
日本の水産業

　理解

▶▶▶ 本さつ42ページ

覚えよう　①水産（業）　②リマン（海流）
③親潮〔千島海流〕　④対馬（海流）
⑤黒潮〔日本海流〕　⑥寒流　⑦暖流
★**考えよう**★　⑧4　⑨11　⑩回遊

ポイント

日本のまわりには、黒潮〔日本海流〕と対馬海流の暖流と、親潮〔千島海流〕とリマン海流の寒流が流れています。暖流と寒流がぶつかる海域は、エサになるプランクトンなどが多いため、魚が集まり、とてもよい漁場となっています。
★**考えよう**★ 図から、日本の近海には、かつおが4～5月、5～6月、7～11月にやってくることを読み取ることができます。したがって、4月から11月にかけて、日本の沿岸にかつおがいることがわかります。

---

40 水産業と人々のくらし
日本の水産業

 練習

▶▶▶ 本さつ43ページ

1　(1) 黒潮〔日本海流〕　　　　　日本海を流れる暖流

親潮〔千島海流〕　　　　　日本海を流れる寒流

対馬海流　　　　　　　　太平洋を流れる暖流

リマン海流　　　　　　　太平洋を流れる寒流

(2) ⑦, ① (順不同)　(3) ⑦, ① (順不同)
2　(順に) 赤道, 回遊

ポイント

1 (2) 暖流とは、あたたかい海流のことです。南から流れてくる海流は、赤道の近くであたためられた海水をもたらします。
(3) 寒流とは、冷たい海流のことです。北から流れてくる海流は、北極の近くで冷やされた海水をもたらします。

---

41 水産業と人々のくらし
とる漁業

 理解

▶▶▶ 本さつ44ページ

覚えよう　①遠洋（漁業）　②沖合（漁業）
③沿岸（漁業）　④一本づり　⑤冷凍
⑥まきあみ（漁）　⑦魚群探知機〔ソナー〕
★**考えよう**★⑧東京　⑨水産加工工場

ポイント

遠洋漁業は、数か月から長いときは1年以上もの時間をかけて漁に出ます。数百 t クラスの船を使うことがふつうです。沖合漁業は、10 t 以上の船を使って、数日がかりで漁に出ます。沿岸漁業は、10 t 未満の船を使って、日帰りで漁に出ます。

42 水産業と人々のくらし
とる漁業

練習

▶▶▶ 本さつ45ページ

1 （1）⑦…遠洋（漁業）　⦿…沿岸（漁業）
⑦…沖合（漁業）

（2）⦿…あ　⑦…い

2 （順に）一本づり，まきあみ漁，魚群探知機，
水産加工工場

ポイント

2 かつお漁には，一本づりとまきあみ漁の2種
類がありますが，いっぺんにたくさんとれるま
きあみ漁の方が，一本づりに比べて効率よく漁
ができます。いずれの場合も，はじめに魚群探
知機を使ってかつおの群れをさがします。

43 水産業と人々のくらし
水産物のゆくえ，水産加工

理解

▶▶▶ 本さつ46ページ

覚えよう　①値段　②せり　③保冷　④新鮮
⑤輸送

★考えよう★　⑥漁港　⑦骨　⑧人

44 水産業と人々のくらし
水産物のゆくえ，水産加工

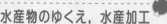
練習

▶▶▶ 本さつ47ページ

1 （1）⑦…市場　⦿…せり

（2）（　）魚かい類が冷えすぎないように，魚か
　　　　い類に温かい風を送りながらトラック
　　　　で運ぶ。

（○）魚かい類の品質を保つために，保冷機
　　　能のついたトラックで運ぶ。

（3）（○）魚をとる費用　（　）加工工場の費用
　　（○）輸送の費用　　（○）スーパーでの費用
　　（　）農家の費用　　（　）加工工場で働く人
　　　　　　　　　　　　　　　　の費用

2 （順に）清潔な，人

ポイント

1 （2）新鮮さを保つためのくふうです。

45 水産業と人々のくらし
育てる漁業，水産業の課題

理解

▶▶▶ 本さつ48ページ

覚えよう　①養しょく（業）または 養しょく漁（業）
②さいばい（漁業）　③赤潮

★考えよう★　④遠洋（漁業）　⑤沖合（漁業）
⑥沖合（漁業）　⑦減って〔減少して〕　⑧輸入
⑨沿岸（漁業）
⑩養しょく（業）または 養しょく漁（業）

ポイント

「つくり育てる漁業」には，主に養しょく業とさ
いばい漁業の2種類があります。養しょく業と
は，うなぎやかきなどを，施設の中で成魚にな
るまで育て，出荷するものです。さいばい漁業
とは，たまごからある程度の大きさになるまで
施設で育て，そののち海に放流し，大きく成長
してから漁をする，というものです。自然の中
では，たまごや稚魚のうちにほかの魚などに食
べられてしまうことが多いので，それを防いで
水あげを確実にする効果があります。

46 水産業と人々のくらし
育てる漁業，水産業の課題

練習

▶▶▶ 本さつ49ページ

1 （1）さいばい漁業

（2）⑦…④　⦿…②　⑦…③　⒠…①

2 （順に）200海里，制限する，遠洋，増えた

ポイント

2 「海里」とは，海の上でのきょりの単位です。
200海里は約370kmになります。1977年に自
由に漁業を行えるはん囲が自国の沿岸から200
海里に決められたことで，それまで日本の漁業
の中心となっていた遠洋漁業は，大きく制限さ
れました。その結果，遠洋漁業にかわって沖合
漁業が中心となっていきました。

11

これからの食料生産とわたしたち
食生活の変化と食料生産 〔理解〕

▶▶▶ 本さつ50ページ

覚えよう ①自給（率） ②低い ③輸入 ④小麦
⑤安い ⑥安心 ⑦安全

ポイント

日本の食料自給率は，世界のほかの国と比べて
とても低くなっています。米や野菜については
高いわりあいを示しているものの，小麦や大豆
は，そのほとんどを輸入にたよっています。

これからの食料生産とわたしたち
食生活の変化と食料生産 〔練習〕

▶▶▶ 本さつ51ページ

1 （1）にんにく （2）（およそ）4（倍）
2 （順に）小麦，大豆，輸入，安く，多い，
生産国，低い，高め

ポイント

2 日本は，小麦や大豆などを輸入にたよってい
ます。しかし，輸入している国で気候のえいきょ
うにより農産物の収穫状きょうが悪かったり，
災害が起きたりすると食料の入手ができない可
能性があるため，食料自給率を高める取り組み
が行われています。

これからの食料生産とわたしたち
これからの食料生産 〔理解〕

▶▶▶ 本さつ52ページ

覚えよう ①減り〔減少し〕 ②減り〔減少し〕
③増え〔増加し〕 ④増え〔増加し〕
⑤地産地消 ⑥トレーサビリティ ⑦検疫所
⑧フードマイレージ
★考えよう★ ⑨棚田 ⑩環境保全

ポイント

農業や漁業をつぐわかい人が少ないことが，今
の日本の食料生産における問題点の一つです。

これからの食料生産とわたしたち
これからの食料生産 〔練習〕

▶▶▶ 本さつ53ページ

1 （1）（ ）田畑の面積
　　（ ）農業や漁業で働く人の数
　　（○）農業を行う会社の数
　　（○）農業や漁業で働く人のうち，年令が
　　　　高い〔60才以上の〕人のわりあい

（2）トレーサビリティ — 遠くで生産されたも
のより，自分が住ん
でいる地域で生産さ
れた農産物や水産物
を食べようという考
えや動き。

地産地消 — 食料を輸送する際の
環境への負担を数字
で表す考え方。

フードマイレージ — 農産物の生産者など
の情報を記録し，確
認できるしくみ。

2 ①階段 ②棚田

ポイント

1 （1）田畑の面積，農業や漁業で働く人の数は，
減り続けています。農業や漁業で働く人の数が
減り続けているのは，農業や漁業をつぐわかい
人が少ないからです。この結果，農業や漁業で
働く年令が高い人のわりあいが増え続けること
になるのです。
（2）遠くで生産されたものよりも，自分が住ん
でいる地域，またはその近くでとれたものを食
べようという動きを，地産地消といいます。地
産地消によって，その地域の農業や漁業がさか
んになることが期待できます。

51 水産業と人々のくらし，これからの食料生産とわたしたちのまとめ

▶▶▶ 本さつ54ページ

1 （1）暖流…黒潮〔日本海流〕
寒流…親潮〔千島海流〕 （2）イ

（3）さいばい（漁業） （4）せり

2 （1）食料自給率〔食料の自給率〕

（2）地産地消

ポイント

1（1）日本の日本海側を南から流れる暖流を対馬海流，日本海側を北から流れる寒流をリマン海流といいます。
（3）養しょく〔養しょく漁〕業とまちがえないようにしましょう。

52 水産業と人々のくらし，これからの食料生産とわたしたちのまとめ

▶▶▶ 本さつ55ページ

勉強した日 月 日

52 水産業と人々のくらし，これからの食料生産とわたしたちのまとめ
完成！ パーフェクトあ・み・だ

▶▶▶ 答えは別さつ13ページ

3種類の魚をとるのに，最適な漁法が選べるように，「あみだ」くじを完成させよう。ぼうを一本入れると，最適な漁法にたどりつけるよ。

かつお　うなぎ　たい

ここ！

ここでもいいよ！

ここでもいいよ！

船で沖に出てとる　成長するまで育ててとる　育てて海に放流し，成長してからとる

55

53 さまざまな工業
自動車づくり ......理解

▶▶▶ 本さつ56ページ

覚えよう ①鉄　②プレス　③ようせつ

④ロボット〔ようせつロボット〕　⑤とそう

⑥ライン〔組み立てライン，コンベヤー〕

⑦検査

ポイント

自動車は「プレス→ようせつ→とそう→組み立て→検査」の段階をへて，出荷されます。プレスやようせつなどの重い物をあつかうきけんな作業では，ロボットが活やくします。一方，組み立てや検査では，人の手による作業やチェックが行われます。

54 さまざまな工業
自動車づくり ......練習

▶▶▶ 本さつ57ページ

1 （1）ア…ようせつ　イ…とそう　ウ…検査

エ…プレス　オ…出荷　カ…組み立て

（2）エ→ア→イ→カ→ウ→オ

2 ライン〔組み立てライン，コンベヤー〕

ポイント

1（1）オは，自動車が出荷される様子を表しています。
2 一定の速さで進むラインの上で，組み立て作業を分担して進めます。

55 さまざまな工業
自動車の部品をつくる工場，自動車のゆくえ ......理解

▶▶▶ 本さつ58ページ

覚えよう ①組み立て〔自動車〕（工場）　②部品

③関連（工場）　④キャリアカー

★**考えよう**★⑤外国〔国外／海外〕

⑥ニーズ〔要望〕　⑦材料　⑧せん伝（費）

ポイント

自動車は，細かい部品も合わせると約3万個の部品からできています。そのため，組み立て工場では，エンジンやシートといった，ある程度まとまった部品を組み立てます。

1 (1)⑦→⑦→⑨→⑦　(2)⑦, ⑦, ⑨ (順不同)

(3)(　) できるだけたくさんつくって, どんどん出荷する。

(○) 情報にもとづいて, 必要なときに必要な数だけつくる。

2

材料費 ———— 広告を出したり, 店に来てくれた人に記念品を配ったりする費用。

製造,組み立て費 ———— 新製品を考えたり, そのために新しい技術をつくりだしたりする費用。

研究開発費 ———— 鉄板をプレスしたり, 部品を組み立てたりする作業にかかる費用。

せん伝費 ———— ボディのもとになる鉄板や, さまざまな部品などを買う費用。

ポイント

1 (1)関連工場では, つくる部品の大きさにしたがって, 工場の規模が大きくなるのがふつうです。
(2)組み立て工場以外は, すべて関連工場です。
(3)関連工場では, 組み立て工場が必要とするだけの部品を, 必要なときにおさめるようにしています。そうすることによって, 余分な部品をつくる必要がなくなります。しかし, 一つの関連工場の生産がストップしてしまうと, それがすべての関連工場におよび, 組み立て工場の生産にえいきょうしてしまい, 生産がとどこおるおそれがあります。

覚えよう ①ハイブリッド車〔ハイブリッドカー〕
②燃料電池　③温暖化　④脱炭素(社会)
⑤リサイクル　⑥環境
★ 考えよう ★⑦シートベルト　⑧エアバッグ

ポイント

これからは, 環境にやさしい自動車づくりが求められています。ハイブリッド車は, 電気モーターとガソリンエンジンを組み合わせて, 低速走行のときには電気モーターを利用し, 高速走行をするときにはガソリンエンジンも利用します。そのため, ふつうの自動車よりもガソリンの使用量が減り, 排出ガスが少なくなります。大気おせんを防ぎ, 排出ガスにふくまれる二酸化炭素が原因となる地球温暖化を防止する役わりももちます。

1 (1)ハイブリッド車　(2)燃料電池
(3)リサイクル　(4)地球温暖化

2 (1)シートベルト　(2)エアバッグ

ポイント

1 (2)水素と酸素から電気をつくることにより, 排出されるのは水だけなので, 環境にやさしいそう置といえます。
2 (2)運転席と助手席の人がすわる位置の前の部分にそう備されています。

59 さまざまな工業
製鉄業と食料品工業　理解
▶▶▶ 本さつ62ページ

覚えよう　①鉄鉱石　②石炭　③輸入
④コークス　⑤高炉

★ 考えよう ★　⑥海外〔国外／外国〕　⑦文化〔生活〕

ポイント

⑦の鉄鉱石，石灰石，⑦のコークスは，すべて
原料となるもので，いっしょにとかされます。

60 さまざまな工業
製鉄業と食料品工業　練習
▶▶▶ 本さつ63ページ

1 （1）イ→ウ→エ→ア　（2）ア…製品
イ…原料　ウ…高炉　エ…転炉・圧延
2 （順に）世界中，地域や文化に合わせた

ポイント

2 海外の製品の絵では，肉などが食べられない
人も食べられることも示しています。

61 さまざまな工業のまとめ
▶▶▶ 本さつ64ページ

1 （1）ライン〔組み立てライン，コンベヤー〕
（2）関連工場　（3）ハイブリッド車〔ハイブリッ
ドカー〕
（4）地球温暖化
2 （1）（　）原料の鉄鉱石や石炭は，主に国産
　　　　のものが使われている。
　　（○）原料の鉄鉱石や石炭は，ほとんど
　　　　を輸入している。
（2）高炉

ポイント

1 （4）自動車の排出ガスにふくまれる二酸化炭
素が，地球温暖化の原因の一つだと考えられて
います。

62 さまざまな工業のまとめ
▶▶▶ 本さつ65ページ

63 工業生産と貿易
日本の貿易港　理解
▶▶▶ 本さつ66ページ

★ 考えよう ★　①輸出　②成田国際（空港）
③東京（港）　④名古屋（港）　⑤横浜（港）　⑥機械
⑦工（業）　⑧食料品

覚えよう　⑨タンカー

ポイント

貿易額上位の貿易港は，いずれも近くに工業生
産額が上位の工業地帯〔工業地域〕があるのが特
ちょうです。名古屋港は，近くに工業生産額第
一位の中京工業地帯があるので，貿易額が大き
くなっています。

64 工業生産と貿易

日本の貿易港

 練習

▶▶▶ 本さつ67ページ

1 (1)⑦　(2)成田国際空港　(3)工業

(4)小麦

2 (1)タンカー

(2)(○) 大きい船は国内消費の約半日分の原油
　　　を運べる。

　　( ) 大きい船は国内消費の約半月分の原油
　　　を運べる。

ポイント

　1 (1)(2)日本で最も貿易額が多い貿易港は,
成田国際空港です。
(3)「農業」「水産業」「工業」「サービス業」の
中から, 機械類や金属などをあつかう産業を選
びましょう。
(4)「服」「パソコン」「小麦」「薬」の中から,
食料品を選びましょう。
　2 (1)原油は液体のため, 液体を運ぶ専用の船
が使われます。

 65 工業生産と貿易

日本の貿易の特色

 理解

▶▶▶ 本さつ68ページ

★**考えよう**★①機械　②自動車　③鉄鋼　④機械

⑤燃料

覚えよう　⑥加工貿易　⑦安く　⑧減り〔減少し〕

⑨自由化　⑩現地生産

ポイント

　現在の日本の貿易は, 輸出, 輸入ともに機械類
が最も多くなっています。しかし, 輸入に関し
ては, 石油や液化ガスを燃料としてまとめてみ
れば, 燃料の輸入も多いことがわかります。日
本が長い間行ってきた, 原料を輸入し, 工業製
品をつくって輸出するという貿易を, 加工貿易
といいます。

 66 工業生産と貿易

日本の貿易の特色

 練習

▶▶▶ 本さつ69ページ

1 (1)(順に) 原料, 輸入, 工業製品, 輸出

(2)(○) 安くて質のよい工業製品を輸入できる
　　　ようになったから。

　　( ) 日本製の工業製品の質が悪くなり, 人
　　　気がなくなったから。

2 (順に) 現地生産, 国産, 自由な

ポイント

　1 (1)日本は昭和30年代から, 加工貿易によっ
て貿易額を増やし続け, 経済が大きく成長しま
した。
(2)特に, 中国や韓国など, アジアの国々から
の工業製品の輸入が増えています。

 67

工業生産と貿易のまとめ

▶▶▶ 本さつ70ページ

1 ⑦…成田国際空港　⑦…東京港

⑦…名古屋港　⑦…横浜港

2 (1)(○) 機械類　( ) 船舶　( ) 衣類

　　　(○) 自動車　( ) 肉類　( ) 薬

(2)(○) 機械類　(○) 石油　( ) 米

　　( ) 自動車　( ) 石炭　( ) 鉄鉱石

(3)(順に) 製品, おとろえる

ポイント

　1 「港」は船の発着場だけでなく, 飛行機の発
着場のこともさします。
　2 (1)(2)現在の日本の貿易では, 輸入・輸出
ともに, 最も多いのは機械類です。
(2)燃料資げんにとぼしい日本では, 多くを輸
入にたよっています。

68 工業生産と貿易のまとめ

▶▶▶ 本さつ71ページ

69 工業生産と工業地域
日本の工業地域 【理解】

▶▶▶ 本さつ72ページ

覚えよう ①中京 ②愛知 ③自動車 ④阪神
⑤神奈川 ⑥京浜 ⑦太平洋ベルト

★**考えよう**★ ⑧海(岸) ⑨太平洋

ポイント

かつては、京浜、中京、阪神、北九州の四つの地域が「四大工業地帯」とよばれていました。しかし近年、北九州の工業生産額が減り、それにかわって新たに瀬戸内や東海、京葉、関東内陸、北陸といった地域の工業生産額が増えてきました。現在は、中京工業地帯が工業生産額第一位となっています。

70 工業生産と工業地域
日本の工業地域 【練習】

▶▶▶ 本さつ73ページ

1 (1)ウ (2)イ…東海工業地域
ウ…中京工業地帯 (3)オ…瀬戸内工業地域
カ…北九州工業地域〔北九州工業地帯〕
2 (1)太平洋ベルト
(2)(○) 内陸部より、海ぞいに多く見られる。
( ) 海ぞいより、内陸部に多く見られる。

ポイント

1 (1)アは京浜工業地帯、イは東海工業地域、ウは中京工業地帯、エは阪神工業地帯です。
(3)オ瀬戸内海沿岸に広がる工業地域です。石油化学コンビナートが目立ちます。カ明治時代に製鉄で栄えた工業地域です。第二次世界大戦以降は、年々全国にしめる工業生産額のわりあいが減ってきています。
2 (1)関東地方の南部から九州地方の北部まで帯状につながっていることから、太平洋ベルトとよばれます。

71 工業生産と工業地域
工業製品のゆくえ 【理解】

▶▶▶ 本さつ74ページ

覚えよう ①物流 ②トラック ③ターミナル
④高速道路
★**考えよう**★ ⑤鉄道 ⑥飛行機〔航空機〕
⑦空港 ⑧船〔船舶〕

ポイント

日本では貨物の輸送をするときに、トラック、鉄道、飛行機、船の四つの交通手段が中心となります。飛行機は速くとどけることができますが、費用がいちばんかかります。また、貨物の大きさや重さにも制限があるので、小さくて高価なものの輸送に利用されます。船は時間がかかりますが、重いものを大量に運ぶのに便利です。

72 工業生産と工業地域
工業製品のゆくえ　　練習

>>> 本さつ75ページ

1 (イ) 車両を使って，トラック何台分もの荷物を一度に運べる。

(エ) 時間はかかるが，非常に重い貨物も運べる。

(ア) 道路さえあれば，少なめの量でも目的地へ直接運べる。

(ウ) 軽めの貨物であれば，かなり遠くまですばやく運べる。

2 (1)船〔船舶〕　(2)高速道路　(3)空港

ポイント

1 これらの輸送手段があるので，日本では主な工業地域は，港や空港，高速道路のインターチェンジの近くにつくられることが多くなっています。
2 (1)海〔水の上〕を移動する乗り物を考えましょう。
(3)「空の港」という意味から，空港という名前がつきました。

73 工業生産と工業地域
昔から伝わる工業生産　　理解

>>> 本さつ76ページ

★ 考えよう ★ ①北陸　②めがね　③農業

④食料品

覚えよう　⑤中小工場　⑥技術　⑦少な(い)

⑧短(い)

ポイント

働く人の数が300人未満の工場を中小工場，300人以上の工場を大工場といいます。日本では，全体の約98％が中小工場です。しかし，大工場は数が少なくても，働く人の数と生産額が大きいので，中小工場で働く人の数は全体の約70％，中小工場の生産額は全体の約50％となっています。

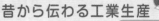

74 工業生産と工業地域
昔から伝わる工業生産　　練習

>>> 本さつ77ページ

1 (1)北陸工業地域

(2)(順に) 農業，福井県，めがね

(3)( ) 食料品の大消費地である東京都のとなりにある県だから。

(○) せんべいやもちなどの原料になる米の生産がさかんだから。

2 (1)300(人未満)

(2)( ) 約1％　( ) 約50％　(○) 約98％

ポイント

1 (2)北陸地方は，日本の食料基地といわれるくらい農業のさかんな地域です。しかし，冬は季節風のえいきょうで雪が多くふります。そのため，冬の間は農業をすることができず，副業として始めた工業があります。
(3)新潟県は，日本を代表する米づくりのさかんな県で，北陸地方にあります。東京都のとなりの県ではありません。

75 工業生産と工業地域のまとめ

>>> 本さつ78ページ

1 (1)京浜工業地帯　(2)自動車
(3)太平洋ベルト　(4)トラック

2 (1)石川県　(2)冬

ポイント

1 (2)自動車工業で有名な愛知県豊田市なども，この中京工業地帯にふくまれます。
(4)埼玉県と東京都はとなり合わせに位置し，その間に海はありません。飛行機や船はふさわしくありません。また，家の中のものを新しい家に運ぶのだから，鉄道で運ぶよりトラックを利用する方が適しています。

76 工業生産と工業地域のまとめ

▶▶▶ 本さつ79ページ

77 情報化した社会とわたしたちの生活
情報産業とわたしたちのくらし 〔理解〕

▶▶▶ 本さつ80ページ

覚えよう ①マス（メディア）　②ラジオ

★ **考えよう** ★ ③記者　④取材　⑤責任（者）
⑥報道被害

ポイント

情報を送る方法を「メディア」といい，テレビや新聞のように，送り手が同じ情報を一度に多くの人に送る方法を「マスメディア」といいます。このちがいをおさえておきましょう。主なメディアには，新聞，ざっし，テレビ，ラジオ，インターネットなどがあります。

---

78 情報化した社会とわたしたちの生活
情報産業とわたしたちのくらし 〔練習〕

▶▶▶ 本さつ81ページ

1
テレビ　　　　　　　　　音声だけで伝えられるので，聞くだけで手軽に情報が得られる。

ラジオ　　　　　　　　　かん単に情報を発信したり，必要な情報を検さくしたりできる。

新聞，ざっし　　　　　　紙に文字で情報が示されるので，切りぬいて，手軽に保存できる。

インターネット　　　　　動画と音声で情報を伝える。デジタル放送に生まれ変わった。

2 （1）メディア　（2）人…記者　行動…取材

（3）（　）受け取った情報は正しいから，すべて信用して行動すること。

（○）信用してよい情報かどうか，自分で冷静に考え判断すること。

ポイント

1 新聞，ざっしは，印刷する時間がかかるので，情報の速報性の面ではほかの三つにかないません。しかし，文字として保存できるという利点があります。

2 （3）テレビやラジオなどのメディアから発信される情報は，ついそのまま信用してしまいがちです。しかし，それが本当に信用できるかどうかの判断は，受け手にまかされていると考えましょう。複数の情報を得て，比べることも大切です。

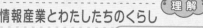

79 情報化した社会とわたしたちの生活 〔理解〕

情報を活用する産業

▶▶▶ 本さつ82ページ

覚えよう ①(情報)ネットワーク ②ＡＩ

★ **考えよう** ★ ③健康 ④分せき ⑤予防

ポイント

多くの産業で情報を活用して，生活を便利にしようとしています。医療分野では，情報を集め，分せきして健康増進に役立てています。

 80 情報化した社会とわたしたちの生活 〔練習〕

情報を活用する産業

▶▶▶ 本さつ83ページ

1 (1)情報通信技術〔ＩＣＴ〕

(2)人工知能〔ＡＩ〕

2 (○)データ収集 (○)データ分せき

( )自動車開発

(2)(○) 病気になる前に健康的な行動をうながすサービス。

( ) 将来，確実に起こる災害を伝えるサービス。

ポイント

1 (2)人工知能は，自動車の自動運転技術や介護ロボット，そうじロボットなどに組みこまれており，わたしたちの身近なものになってきています。
2 (1)医療情報をあつかう会社は，データを収集し分せきすることによって，健康に関するサービスを提供しています。

 81 情報化した社会とわたしたちの生活 〔理解〕

情報を生かすわたしたち

▶▶▶ 本さつ84ページ

覚えよう ①情報(化) ②携帯(電話)

③コンビニエンスストア

★ **考えよう** ★ ④個人情報 ⑤犯罪

⑥ダイレクトメール ⑦(メディア)リテラシー

ポイント

例えば，コンビニエンスストアにあるコピー機では紙のコピーのほかに写真の印刷や，レジャー施設のチケットのこう入，住民票の写しの取得など，情報通信技術を活用したサービスが広がっています。

82 情報化した社会とわたしたちの生活 練習
情報を生かすわたしたち

▶▶▶ 本さつ85ページ

1 （1）（○）名前や住所，電話番号，生年月日
　　　　　など，だれがどんな人かがわかる
　　　　　情報は，しんちょうに取りあつか
　　　　　うことが大切だ。

　　　（　）インターネットなどで情報を流す
　　　　　ときは，内容にまちがいがあって
　　　　　も自分で正しいと思ったら気にし
　　　　　なくてよい。

　　　（○）メディアから得られるたくさんの
　　　　　情報は，自分に必要なものを選び，
　　　　　それが正しいかどうかを判断して
　　　　　活用することが大切だ。

　　　（○）インターネットや携帯電話で情報
　　　　　を発信するときは，人をきずつけ
　　　　　ることや悪口を書いてはいけない。

　　　（　）情報を発信するときは，相手の立
　　　　　場よりは，自分の書きたいことを
　　　　　まっさきに考えることが大切だ。

　（2）（順に）コンビニエンスストア，情報通信技
術

2 メディアリテラシー

ポイント

> **1** （1）情報の受信や発信が容易になったからと
> いって，自分のものも他人のものも，個人情報
> の取りあつかいをおろそかにしないように注意
> しましょう。

83 情報化した社会とわたしたち
の生活のまとめ

▶▶▶ 本さつ86ページ

1 （1）マスメディア　（2）○　（3）○
（4）メディアリテラシー
（5）情報通信技術〔ＩＣＴ〕

2 （○）わたしたちのくらしが便利になること。
　　（　）会社どうしのやり取りが不便になるこ
　　　　と。

ポイント

> **2** 情報を活用する産業の発展とは，例えば，も
> のを売る産業が銀行や運輸業などとつながって，
> くらしを便利にしている，などがあげられます。

84 情報化した社会とわたした
ちの生活のまとめ

▶▶▶ 本さつ87ページ

85 わたしたちの生活と環境
自然災害を防ぐ
▶▶▶ 本さつ88ページ

覚えよう ①土石流　②津波

③噴火　④台風　⑤気象庁　⑥砂防ダム　⑦減災

★ **考えよう** ★⑧住民

ポイント

日本では，さまざまな自然災害が起こります。一度にたくさんの雨がふって土地がゆるみ，大量の土砂がいっきに流出することを土石流といいます。また日本は，世界の国々と比べて，地震がきわめて多い国です。地震はもちろん自然災害ですが，地震によって海水が異常な勢いで押し寄せる津波も自然災害の一つです。

86 わたしたちの生活と環境
自然災害を防ぐ
▶▶▶ 本さつ89ページ

1 （1）○　（2）津波
2 （1）（順に）噴火，減災，気象庁
（2）（ ）災害を防ぐための取り組みは，市町村や都道府県，国にすべて任せておく。
（○）市町村が災害に備えて行う訓練に積極的に参加したり，災害にあったときのひなん場所を確かめておいたりする。

ポイント

1 （1）土石流の説明そのものなので，○で正解です。
（2）台風とは，夏から秋にかけて接近する，強い風と雨をもたらす熱帯低気圧のことです。
2 （2）自分が住んでいる地域に多い災害の特ちょうを知ることで，自分の生活や身を守る心の準備をしておくことが必要です。

87 わたしたちの生活と環境
わたしたちの生活と森林
▶▶▶ 本さつ90ページ

覚えよう ①白神（山地）

②世界遺産〔世界自然遺産〕　③天然（林）

④人工（林）　⑤国有（林）　⑥養分　⑦間ばつ

⑧林業　⑨高い　⑩減って〔減少して〕

ポイント

白神山地は，屋久島や知床などとともに，世界自然遺産に登録されています。世界遺産には，世界文化遺産とよばれるものもあり，こちらは法隆寺や原爆ドームなど，日本では20件が登録されています。2023年現在の日本で世界遺産に登録されているものは，全部で25件となります。世界遺産に登録されたことで，白神山地は日本のためだけでなく，世界じゅうの人々のためにも大切にされなくてはならないものとなりました。

88 わたしたちの生活と環境
わたしたちの生活と森林
▶▶▶ 本さつ91ページ

1 場所…⑦　名前…白神山地
2 ⑦…説明②　絵え　⑦…説明①　絵い
⑦…説明④　絵あ　⑦…説明③　絵う

ポイント

1 ぶなの原生林が世界遺産に登録されている白神山地は，青森県と秋田県にまたがって広がっています。
2 ⑦「植林」とは，人工林をつくる場所になえ木を植えることです。⑦「下草がり」とは，森林を育てるため，じゃまになる雑草を取りのぞくことです。⑦「えだ打ち」とは，余計なえだを切り落とすことです。⑦「間ばつ」とは，一部の木を切って木と木の間を広げて，太陽の光がとどくようにすることです。これは残りの木がりっぱに育つためにする作業です。いずれの作業も，森林の「今」だけでなく，「未来」のことまで考えたうえで行われている作業なのです。

環境を守るわたしたち 理解

▶▶▶ 本さつ92ページ

覚えよう ①高度経済成長 ②公害 ③水俣病
④イタイイタイ病 ⑤三重 ⑥法律 ⑦条例

ポイント

1950年代後半から約20年にわたって，日本国内での経済が大きくのびたできごとを，高度経済成長といいます。この時期は，人々の生活がどんどん豊かになっていきましたが，同時に，大気汚染などの環境はかいの問題も起こりました。

 90 わたしたちの生活と環境

環境を守るわたしたち 練習

▶▶▶ 本さつ93ページ

1 （1）新潟水俣(病) （2）イタイイタイ(病)
（3）四日市ぜんそく （4）水俣(病)
（5）高度経済成長(期)
2 条例

ポイント

1 （1）新潟県阿賀野川流域で発生した新潟水俣病は，工場が川にすてた有機水銀が原因で起こった公害病です。
（2）富山県神通川流域で発生したイタイイタイ病は，鉱山から川に流出したカドミウムが原因で起こった公害病です。
（3）三重県四日市市で発生した四日市ぜんそくは，工場からのけむりが原因で起きた公害病です。
（4）熊本県・鹿児島県八代海沿岸で起きた水俣病は，工場が海に流れた有機水銀が原因で起こった公害病です。
2 都道府県や市町村が地域ごとに定めた決まりである条例をつくり，環境の保全など地域ごとの人々の願いをかなえようとしています。例えば，京都府では鴨川の環境を守るために，京都府鴨川条例を定めています。

 91 わたしたちの生活と環境のまとめ

▶▶▶ 本さつ94ページ

1 （1）砂防ダム （2）減災
2 （1）林業 （2）人工林
（3）（順に）高め，減って

ポイント

2 （2）人が植えてできた森林を人工林，人が手をくわえずに自然にできた森林を天然林といいます。

 92 わたしたちの生活と環境のまとめ

▶▶▶ 本さつ95ページ

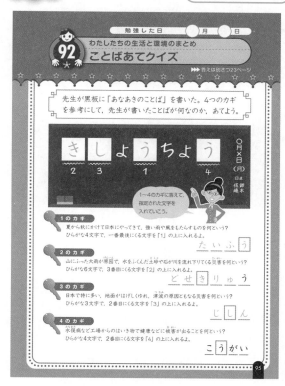

23

〔小学社会　社会問題の正しい解き方ドリル　5年　改訂版　別冊〕